平顶山学院博士科研启动项目：奥尔夫音乐[遮挡]土化研究，项目编号：PXY-BSQD-2022009

2021 年度河南省高等教育教学改革研究与实践一般项目，课题名称：OBE 理念下学前教育专业弹唱课程 BOPPPS 模式教学改革与实践，课题编号 2021SJGLX551

2022 年度教育部人文社会科学研究一般项目，项目编号：22YJCZH098

2023 年度河南省高校人文社会科学研究一般项目，课题名称：基于产出的师范类专业音乐课程教学模式研究，课题编号 2023-ZDJH-096

运用奥尔夫教学法
以节奏为中心的幼儿音乐活动研究

陈旭　著

新 华 出 版 社

图书在版编目（CIP）数据

运用奥尔夫教学法以节奏为中心的幼儿音乐活动研究 /

陈旭著 . -- 北京：新华出版社，2023.7

ISBN 978-7-5166-6904-4

Ⅰ . ①运… Ⅱ . ①陈… Ⅲ . ①学前儿童 - 音乐教育 -

教学法 Ⅳ . ① G613.5

中国国家版本馆 CIP 数据核字 (2023) 第 134221 号

运用奥尔夫教学法以节奏为中心的幼儿音乐活动研究

作　　者：陈　旭

选题策划：唐波勇

责任编辑：张云杰　　　　　　　　封面设计：优盛文化

出版发行：新华出版社

地　　址：北京石景山区京原路 8 号　　邮　　编：100040

网　　址：http://www.xinhuapub.com

经　　销：新华书店、新华出版社天猫旗舰店、京东旗舰店及各大网店

购书热线：010-63077122　　　　中国新闻书店购书热线：010-63072012

照　　排：优盛文化

印　　刷：石家庄汇展印刷有限公司

成品尺寸：170mm×240mm

印　　张：12　　　　　　　　　　字　　数：160 千字

版　　次：2023 年 7 月第一版　　　印　　次：2023 年 7 月第一次印刷

书　　号：ISBN 978-7-5166-6904-4

定　　价：78.00 元

前　言

　　奥尔夫教学法是由德国作曲家、音乐教育家卡尔·奥尔夫（Carl Orff，1895—1982）创造的一种音乐教学方法，被誉为世界三大音乐教学法之一。它以儿童为主要对象，以节奏为音乐教学的核心元素，采用融语言、动作、器乐为一体的教学形式。其培养健全人格和创造能力的教育目标，"原本性""综合性""即兴性"等教育理念，以及生动活泼、丰富多彩的教学手段，对儿童的身心全面发展，音乐节奏感、表现力与创造力的培养有着重要价值，受到世界音乐教育工作者和广大学习者的高度赞誉和喜爱。

　　自20世纪80年代初，奥尔夫教学法被以廖乃雄等为代表的音乐教育学者介绍引入我国以来，对我国音乐教育的改革和发展起到了巨大的推动作用。奥尔夫"诉诸感性，回归人本"的教育思想与我国新时代学前教育的纲领性文件对学前儿童音乐教育的诉求——注重对儿童本身的感受、体验、参与而非单纯的技能训练高度一致。节奏训练不仅适合在成人和青少年中进行，奥尔夫认为它更应该提前至学龄前。奥尔夫教学法利用人人都拥有的嗓音，将诗歌、童谣、歌唱等作为节奏教学的出发点，因此它成为更适合幼儿的节奏教学方法。

　　本研究在前四章内容中，阐明幼儿音乐教育的重要性，梳理适合幼儿的节奏教学方法，并且详细论述了运用于本研究的奥尔夫教学法。通过考察中国幼儿音乐教育的现状和先行研究，为本研究提供了理论依据。在第五至八章内容中，详细介绍了运用奥尔夫教法开发的以节奏为中心的幼儿音乐活动、据此制定并实施的教学指导方案，对幼儿的学习活动进行了研究，以掌握幼儿的反应和学习效果。最后，根据研究结果提出结论与建议。

本研究可以为广大幼儿教育工作者的学习与工作提供参考，同时为开发满足幼儿发展特点和需求的音乐活动指导方案提供必要的基础资料。希望本研究成果能够成为今后提高幼儿音乐活动质量的重要参考。

目 录

第一章 绪论 ···001

  第一节 研究的必要性 ······································001

  第二节 研究目的 ··005

第二章 幼儿音乐教育 ···007

  第一节 幼儿音乐的教育重要性及其发展特点 ·······007

  第二节 幼儿节奏教育 ······································012

第三章 奥尔夫教学法 ···017

  第一节 奥尔夫教学法的形成背景 ······················017

  第二节 《学校儿童音乐教材》 ··························019

  第三节 奥尔夫的音乐教育哲学 ·························020

  第四节 奥尔夫教学法节奏教育的内涵 ················023

  第五节 奥尔夫教学法的学习阶段 ······················031

第四章 中国幼儿节奏音乐教育 ······························037

  第一节 中国幼儿音乐教育 ·······························037

  第二节 河南省幼儿园音乐教育现状 ···················043

第五章　运用奥尔夫教学法以节奏为中心的幼儿音乐活动开发············073

　　第一节　运用奥尔夫教学法以节奏为中心的幼儿音乐
　　　　　　活动构成 ····································073

　　第二节　各活动类型教学指导方案内容·················077

第六章　运用奥尔夫教学法以节奏为中心的音乐活动的应用········101

　　第一节　研究对象 ································101

　　第二节　研究工具 ································102

　　第三节　研究程序 ································113

第七章　研究结果·······································115

　　第一节　节奏活动学习（第 1～4 课时）···············115

　　第二节　深化活动学习（第 5～7 课时）···············138

　　第三节　即兴身体表现活动学习（第 8 课时）···········158

第八章　结论与建议·····································163

　　第一节　结论 ····································163

　　第二节　建议 ····································165

参考文献··173

表　目　录

表 2-1　幼儿在不同年龄阶段音乐能力的发展过程（穆格）⋯⋯⋯⋯⋯ 010

表 2-2　幼儿在不同年龄阶段音乐能力的发展过程
　　　　（Shuter-Dyson 和 Gabreiel）⋯⋯⋯⋯⋯⋯⋯⋯⋯⋯⋯⋯⋯ 011

表 2-3　节奏音节（Rhythm Syllables）和唱名 ⋯⋯⋯⋯⋯⋯⋯⋯⋯ 014

表 2-4　达尔克罗兹、柯达伊和奥尔夫三种教学法的比较 ⋯⋯⋯⋯⋯ 015

表 3-1　《学校儿童音乐教材》介绍 ⋯⋯⋯⋯⋯⋯⋯⋯⋯⋯⋯⋯⋯⋯ 019

表 3-2　不同身体部位的动作表现举例 ⋯⋯⋯⋯⋯⋯⋯⋯⋯⋯⋯⋯ 027

表 3-3　不同速度与音符的动作表现举例 ⋯⋯⋯⋯⋯⋯⋯⋯⋯⋯⋯ 028

表 3-4　身体打击乐的四种基本类型简介 ⋯⋯⋯⋯⋯⋯⋯⋯⋯⋯⋯ 029

表 3-5　应用于奥尔夫教学法的乐器介绍 ⋯⋯⋯⋯⋯⋯⋯⋯⋯⋯⋯ 029

表 4-1　中国幼儿园音乐教育的目标和内容 ⋯⋯⋯⋯⋯⋯⋯⋯⋯⋯ 038

表 4-2　教师所在幼儿园地区 ⋯⋯⋯⋯⋯⋯⋯⋯⋯⋯⋯⋯⋯⋯⋯⋯ 044

表 4-3　教师最终学历 ⋯⋯⋯⋯⋯⋯⋯⋯⋯⋯⋯⋯⋯⋯⋯⋯⋯⋯⋯ 044

表 4-4　教师所学专业 ⋯⋯⋯⋯⋯⋯⋯⋯⋯⋯⋯⋯⋯⋯⋯⋯⋯⋯⋯ 045

表 4-5　教师接受系统音乐教育的时间 ⋯⋯⋯⋯⋯⋯⋯⋯⋯⋯⋯⋯ 046

表 4-6　教师音乐特长 ⋯⋯⋯⋯⋯⋯⋯⋯⋯⋯⋯⋯⋯⋯⋯⋯⋯⋯⋯ 046

表 4-7　教师所在幼儿园对音乐教学活动的重视程度 ⋯⋯⋯⋯⋯⋯ 047

表 4-8　开展音乐活动的频率 ⋯⋯⋯⋯⋯⋯⋯⋯⋯⋯⋯⋯⋯⋯⋯⋯ 048

表 4-9　开展音乐活动的类型 ⋯⋯⋯⋯⋯⋯⋯⋯⋯⋯⋯⋯⋯⋯⋯⋯ 048

表 4-10　音乐活动的内容来源 ⋯⋯⋯⋯⋯⋯⋯⋯⋯⋯⋯⋯⋯⋯⋯ 049

表 4-11　开展音乐活动时运用的教学方法 ⋯⋯⋯⋯⋯⋯⋯⋯⋯⋯ 050

表 4-12　幼儿音乐能力中有待提高的部分 ⋯⋯⋯⋯⋯⋯⋯⋯⋯⋯ 051

表 4-13　幼儿园教师自身音乐教学能力中有待提高的部分 ⋯⋯⋯⋯ 052

表 4-14　幼儿园班级的乐器种类 ………………………………………… 052
表 4-15　教师运用奥尔夫教学法的频率 ………………………………… 054
表 4-16　教师对奥尔夫教学法的了解程度 ……………………………… 054
表 4-17　教师学习奥尔夫教学法的途径 ………………………………… 055
表 4-18　教师对奥尔夫教学法的理解 …………………………………… 056
表 4-19　奥尔夫教学法的运用频率 ……………………………………… 057
表 4-20　教师运用奥尔夫教学法时使用的乐器 ………………………… 057
表 4-21　运用奥尔夫教学法的音乐活动类型 …………………………… 058
表 4-22　运用奥尔夫教学法开展音乐活动的教学效果 ………………… 059
表 4-23　运用奥尔夫教学法开展音乐活动的内容来源 ………………… 059
表 4-24　使用或将要使用奥尔夫教学法过程中遇到的问题 …………… 060
表 4-25　在音乐教学活动中运用奥尔夫教学法的态度 ………………… 061
表 4-26　对设计和运用奥尔夫教学法本土化教学指导方案的态度 …… 062
表 4-27　对于其他音乐教学方法（奥尔夫教学法除外）的了解 ……… 063
表 5-1　课时的教学指导方案 …………………………………………… 075
表 5-2　语言节奏学习教学指导方案 1 ………………………………… 078
表 5-3　语言节奏学习教学指导方案 2 ………………………………… 080
表 5-4　身体节奏初步学习教学指导方案 ……………………………… 084
表 5-5　身体节奏发展学习教学指导方案 ……………………………… 086
表 5-6　2 声部节奏表现学习教学指导方案 1 ………………………… 090
表 5-7　2 声部节奏表现学习教学指导方案 2 ………………………… 093
表 5-8　语言节奏即兴创作学习教学指导方案 ………………………… 096
表 5-9　即兴身体表现学习教学指导方案 ……………………………… 098
表 6-1　幼儿基本信息 …………………………………………………… 101
表 6-2　语言节奏学习记录表 …………………………………………… 103
表 6-3　身体节奏初步学习记录表 ……………………………………… 104
表 6-4　身体节奏发展学习记录表 ……………………………………… 106
表 6-5　2 声部节奏表现学习记录表 …………………………………… 108
表 6-6　语言节奏即兴创作学习记录表 ………………………………… 109
表 6-7　音乐欣赏中的即兴身体表现学习记录表 ……………………… 111

图 目 录

图 5–1　8 个课时的教学过程与活动阶段 ……………………075

图 6–1　三角铁 …………………………………………112

图 6–2　沙蛋 ……………………………………………112

图 6–3　单响筒 …………………………………………112

图 6–4　棒棒糖鼓 ………………………………………112

图 6–5　手鼓 ……………………………………………112

图 7–1　活动 1 场景 ……………………………………116

图 7–2　活动 3 场景 ……………………………………116

图 7–3　活动 5 场景 ……………………………………117

图 7–4　活动 7 场景 ……………………………………118

图 7–5　活动 8 场景 ……………………………………118

图 7–6　第 1 课时学习目标完成度 ……………………119

图 7–7　活动 2 场景 1 …………………………………120

图 7–8　活动 2 场景 2 …………………………………120

图 7–9　活动 3 场景 1 …………………………………121

图 7–10　活动 3 场景 2 …………………………………121

图 7–11　活动 6 场景 …………………………………122

图 7–12　活动 7 场景 …………………………………123

图 7–13　活动 9 场景 1 …………………………………124

图 7–14　活动 9 场景 2 …………………………………124

图 7–15　第 2 课时学习目标完成度 ……………………125

图 7–16　活动 2 场景 …………………………………126

图 7–17　活动 5 场景 …………………………………127

图 7–18　活动 7 场景 …………………………………128

图 7-19　活动 9 场景 ··· 129

图 7-20　活动 12 场景 ··· 130

图 7-21　第 3 课时学习目标完成度 ······························ 130

图 7-22　活动 1 场景 ··· 132

图 7-23　活动 3 场景 ··· 133

图 7-24　活动 5 场景 ··· 134

图 7-25　活动 9 场景 ··· 136

图 7-26　第 4 课时学习目标完成度 ······························ 136

图 7-27　活动 2 场景 ··· 139

图 7-28　活动 5 场景 ··· 140

图 7-29　活动 6 场景 ··· 141

图 7-30　活动 8 场景 ··· 142

图 7-31　活动 10 场景 1 ··· 143

图 7-32　活动 10 场景 2 ··· 143

图 7-33　第 5 课时学习目标完成度 ······························ 144

图 7-34　活动 1 场景 ··· 146

图 7-35　活动 3 场景 1 ··· 147

图 7-36　活动 3 场景 2 ··· 147

图 7-37　活动 4 场景 ··· 148

图 7-38　活动 6 场景 ··· 149

图 7-39　活动 7 场景 ··· 150

图 7-40　活动 8 场景 ··· 151

图 7-41　活动 2 场景 ··· 152

图 7-42　第 6 课时学习目标完成度 ······························ 153

图 7-43　活动 1 场景 ··· 155

图 7-44　活动 3 场景 ··· 157

图 7-45　第 7 课时学习目标完成度 ······························ 157

图 7-46　活动 1 场景 ··· 160

图 7-47　活动 2 场景 ··· 161

图 7-48　活动 3 场景 ··· 161

第一章 绪论

第一节 研究的必要性

音乐是人类生活的一部分。人们既可以通过音乐表现自己，又可以聆听由他人创作的音乐而牵动喜怒哀乐的情绪。音乐可以自然而然地接近人类，但通过教育人们可以更广泛、更深入地理解和体验音乐。

以奥尔夫、柯达伊（Kodály，1882—1967）、爱弥儿·雅克－达尔克罗兹（Emile Jaques-Dalcroze，1865—1950）为代表的一批音乐教育家在20世纪上半叶明确提出，音乐教育的根本目的是人的全面发展。在奥尔夫看来，音乐教育是人的教育，在音乐教育中，音乐只是手段，教育人、培养人才是目的。柯达伊终身追求的目标是"让音乐属于每个人"。他认为音乐和人的生命本体有着密切关系，人的生命中不能没有音乐，没有音乐就没有完满的一生。[①] 加德纳（Gardner）认为，没有音乐教育，人的多元智力将会丧失或部分丧失，个体因而会变成一个智能不健全的人。[②] 研究已经表明，音乐学习可以提高智力水平。[③] 儿童的音乐能力

---

① 杨立梅.柯达伊音乐教育思想与匈牙利音乐教育 [M].上海：上海教育出版社，2011：22.

② GARDNER H, Frames of mind : the theory of multiple intelligences, trans[M]. 沈致隆，译.北京：中国人民大学出版社，2008：23.

③ SCHELLENBERG E G. Music Lessons enhance IQ[J].Psychological science, 2004，15（8）：511-514.

不仅与认知能力和创造力具有显著的正相关 [①]，也与他们的总体 IQ（智商）相关 [②]。心理学家马斯洛（Maslow）教授认为，属于"内在性"教育的音乐、美术和舞蹈教育在促进人的个性品质发展方面的作用无可替代。[③]

人类天生具有获得音乐的能力；同时，人类生来就具有理解，甚至创造音乐的能力以及聆听音乐的欲望。研究表明，新生儿和婴儿似乎具有一些基本的音乐能力，如能够区分和谐与不和谐的和音 [④]、检测到音乐的拍子 [⑤]、辨别简单的节奏模式 [⑥]。音乐能力体现出个体在任何时候所具有的音乐技巧和音乐理解的水平。西肖尔（Seashore）认为，音乐能力是一组孤立的、相互没有联系的、仅与基本听觉辨别技巧相关的能力 [⑦]。穆塞尔（Mursell）持相反观点，他认为存在一个知觉和欣赏音乐的总的能力，即音乐活动所依赖的心理能力是一个有机的综合体。[⑧] 也有心理学家将音乐能力划分为四种基本能力：音乐的感觉和知觉、音乐的记

① DOXEY C，WRIGHT C. An exploratory study of children's music ability[J]. Early childhood reasearch quarterly，1990，5（3）：425-440.

② SERGEANT D，THATCHER G.Intelligence，social status and musical abilities[J]. Psychology of music，1974，2（2）：32-57.

③ 蔡觉民.奥尔夫《学校音乐教材》与当代教育理论 [J].湛江师范学院学报，1998，19（4）：121-123.

④ TRAINOR L J，TSANG C D，CHEUNG V H W. Preference for sensory consonance in 2-and 4-month-old infants[J].Music perception，2002，20（2）：187-194.

⑤ WINKLER I，HADEN G P，LADINIG O，et al. Newborn infants detect the beat in music[J].Proceedings of the national academy of sciences，2009，106（7）：2468-2471.

⑥ DEMANY L，MCKENZIE B，VURPILLOT E. Rhythm perception in early infancy[J].Nature，1977，266（5604）：718-719.

⑦ SHUTER-DYSON R，GABRIEL C. The Psychology of musical ability[M]. London and New York：Methuen，1981：18.

⑧ MURSELL J L. The Psychology of Music[M].Westport，Connecticut：Greenwood Press，Publishers，1971：113.

忆和表现、音乐感情、音乐的动作。① 舒特－戴森（Shuter-Dyson）和加布里埃尔（Gabreiel）提出了一般音乐能力的三种因素，分别是音高、音调的记忆能力，节奏能力和动觉因素。② 综上所述，音乐能力可以简单地概括为个体对音乐的感受和表达的能力。

许多学者对幼儿在不同年龄阶段表现出的音乐能力发展特点进行了研究。例如，斯科特－卡斯纳（Scott-Kassner）在 1992 年对儿童音乐发展的研究综述中提道：①幼儿一般从 8 个月开始对音乐产生反应，其他一些明显的音乐行为出现得更早；②幼儿的发展是从模仿词语开始的，2～3 岁开始唱旋律片段，3～4 岁能够演唱整首歌曲；③幼儿在发展的早期（2～3 岁）的倾向，表现在自由即兴和无结构的音符游戏上，然后逐渐地融入自然音阶，在此之后，这些表现消失，转而热衷于精确的模仿；④儿童通过这个阶段之后，开始善于根据规则来组织歌曲的曲调和节奏，他们对此是无意识的；⑤5～10 岁的儿童对这些规则开始产生有意识的认识。

幼儿的音乐能力发展有两个重要的阶段。其中，关键指导年龄段是从出生到 3 岁半，幼儿的音乐敏感年龄段大约维持到 5 岁，这个时期是奠定音乐学习基础的最好时机。因此，在此之前的音乐能力培养甚为关键。音乐能力的发展是儿童全面发展的一个侧面，它与孩子的自然成长和需要相生。因此，幼儿时期是接受音乐教育的关键期，有计划的音乐体验应在儿童能参加学校传统的集体音乐活动之前就早早开始。

儿童音乐教学方法中较为著名的有达尔克罗兹教学法、奥尔夫教学法和柯达伊教学法。三种教学方法都将完善人格、提高生活、发掘人的内在音乐潜力定位为最终目标。它们在具体的教学法内容上还是有诸多差异的，但相同的是三种教学法都充分肯定了儿童节奏教育的重要性。

---

① 余大卫.浅析音乐审美情感性的产生条件 [J].长春师范学院学报，2005（6）：152-154.

② 王懿颖.学前儿童音乐教育 [M].北京：北京师范大学出版社，2010：35.

中国现行的幼儿园教育指导文件是由教育部颁布实施的《幼儿园教育指导纲要（试行）》（2001）（以下简称《纲要》）和《3～6岁儿童学习与发展指南》（2012）（以下简称《指南》）。中国的幼儿园教育内容分为健康、语言、社会、科学、艺术五大领域。其中，音乐和美术被合并纳入艺术领域。《纲要》在艺术领域的指导要点中指出："艺术是实施美育的主要途径，应充分发挥艺术的情感教育功能，促进幼儿健全人格的形成。"[①] 作为艺术教育重要组成部分的音乐教育，同样也是审美教育的主要途径。不能简单地把音乐教育等同于理性的知识与技能的教育，应避免仅仅重视表现技能或艺术活动的结果，而忽视幼儿在活动过程中的情感体验和态度的倾向。[②]

中国幼儿音乐教育是以审美教育为核心的，重视音乐教育的体验性、表现性、创造性、过程性，关注幼儿在音乐活动过程中对情感的体验与表达、对音乐的表现与创造，以及幼儿能否在审美体验、表现与创造的过程中享受乐趣，获得审美愉悦。中国现行的幼儿园教育指导文件，仅从态度倾向与情感体验的维度上，较为笼统地划分了幼儿音乐学习的目标和范围。教育部官方也并未指定并推荐任何入园课本和教材。因而幼儿教师在选择教学内容和教学方法上具有一定的开放性和自主空间。

这种选择权限虽然在一定程度上保障了幼儿园的自主性，但是在制作开发教育课程的时候也出现了很多问题。由于各地区的幼儿园都可以选择自己的教育课程，并且没有统一标准，因此根据教师的专业性不同，使用的教学方法可以说是千差万别。尤其是在音乐教育中使用较多的奥尔夫教学法，在实际应用中，教师对该教学法并没有全面的理解。

---

① 中华人民共和国教育部.幼儿园教育指导纲要（试行）[M].北京：北京师范大学出版社，2001：8.

② 中华人民共和国教育部.幼儿园教育指导纲要（试行）[M].北京：北京师范大学出版社，2001：8.

因此，教师在运用奥尔夫教学法设计课程时，并没有将其设计成适合幼儿发展特点的综合性教育课程，而是将其设计成几乎唯一以节奏为中心的奥尔夫乐器演奏活动。即便像这样以节奏为中心的乐器演奏活动，其内容的难易程度各幼儿园也不一样，因此很多情况下并不适合幼儿的发展特征。河南省也不例外，幼儿音乐教师的专业性不高，幼儿园的音乐活动缺乏体系。因此，提高河南省幼儿音乐教育质量的教学法探索迫在眉睫。

本研究为弥补这些不足，以教师的认识为基础，旨在开发设计运用奥尔夫教学法的以节奏为中心的音乐教学活动，并以分析幼儿的反应和学习效果为目的将其应用到教学过程当中。与此同时，本研究旨在为开发满足幼儿发展特点和需求的音乐活动指导方案提供必要的基础资料。此次研究的结果将成为今后提高河南省幼儿音乐活动质量的重要参考资料。

第二节　研究目的

第一，根据中国幼儿音乐教育的目标和理念，运用奥尔夫教学法中语言、动作与奏乐的教学媒介，借鉴从探索到创作的音乐学习阶段，选取适宜的教学内容，制定以节奏为中心的幼儿音乐教学方案。

第二，采用行动研究法，将以节奏为中心的幼儿音乐教学方案在河南省平顶山市某幼儿园的4～6岁幼儿中加以实施，持续关注并且完整地记录每一次教学过程，包括教师与幼儿的互动，以及幼儿在学习过程中的表现和反馈情况。

第三，通过观察记录教学活动，对每课时的目标完成人数百分比和幼儿目标完成度的变化进行比较、分析，进一步梳理、分析幼儿对不同节奏元素的掌握程度，从而判断本教学方案对于幼儿节奏感的培养是否具有积极促进作用。

第四，基于对教学内容与方法的可行性与有效性的思考，对河南省4～6岁幼儿关于单声部和多声部音乐节奏的学习，提出教学建议。

第二章　幼儿音乐教育

第一节　幼儿音乐的教育重要性及其发展特点

一、幼儿音乐的教育重要性

幼儿在妈妈肚子里时已经有了对外界声音和音乐的反应。孩子对声音的这种认知能力是在孩子出生后为了区分母亲和他人的声音，听到母亲的声音寻找安全感、形成依恋关系的过程中所自然形成的。孩子在母亲肚子里就听着母亲的心跳声，学习母亲的各种心情和情绪反应，因此，在日常生活中可以培养其创造音乐及对音乐做出反应的能力。如果能让幼儿对声音和节奏的先天感知能力在自然的生活环境中和谐发展的话，幼儿就会拥有情绪更加丰富、稳定的生活。

幼儿在日常生活中存在着创造音乐和对音乐反应的能力。由皮尔斯巴瑞基金会（The Pillsbury Foundation）发起的"2～6岁儿童自发音乐活动的深层研究项目"，作为最著名的幼儿音乐行为活动的观察记录，在经过几年的观察之后，得出的结论是："它不是孤立的，它是一个生命过程的一部分，也不能从幼儿的每日生活的任何一个方面割裂开来。音乐对于幼儿是这样一种东西，它是为了生命而存在，是代表他自己作为一个独立的人和作为一个社会成员的内在表达。"①

---

① 尹爱青，曹理，缪力.外国儿童音乐教育 [M].上海：上海教育出版社，1999：2.

因此，幼儿期的音乐教育非常重要。一般来说，人出生后的前 10 年是音乐能力发展最为活跃的时期，特别是幼儿时期，听觉非常敏感，音乐能力发展迅速。尤其是在 3～5 岁的时候，不仅听觉发达，对音高的判断力和节奏能力也能得到迅速发展。在这种情况下，音乐教育对幼儿的生长发展产生的具体影响如下。

第一，幼儿期的音乐教育有助于感知能力的发展。幼儿园的音乐教育应该重视能够帮助幼儿音乐性成长的感知能力的发展。为了节奏感而开设的音乐课程有助于增加幼儿的感性经验，通过多样的艺术活动发展其感知能力。借助声音的波动和节奏的律动进行感知、感受、创意等方面的教育，积累的感性经验在这些基础阶段后，持续对幼儿音乐方面的发展起着重要作用。

第二，幼儿期的音乐教育有助于身体表现能力的发展。语言欠发达的幼儿通过多样的音乐活动，获得了自由、独创性的表现机会，并发展了自身的创造表现能力。

第三，幼儿期的音乐教育有助于认知能力的发展。经由丰富多彩的音乐经验，幼儿可以自然而然地理解和吸收概念、结构等音乐表现要素，提高幼儿的认知能力。这一点不仅仅在音乐课上，在日常生活当中也能得以实现。

第四，幼儿期的音乐教育有助于语言能力的发展。音乐欣赏可以帮助幼儿理解音乐表现元素，提高听觉能力的敏感性、准确性。除此之外，学习歌曲、童谣，表现歌曲、童谣中的多种词汇，对幼儿语言能力的发展也会产生积极的影响。

第五，幼儿期的音乐教育有助于社会性及情绪的发展。在音乐活动中，幼儿可以自然地表达自己的情绪，这有助于情感的表达、发展和成熟。

因此，幼儿音乐教育应结合幼儿的发展特点，运用能够调动多种感官参与、产生丰富感性经验的教学方法，设计与幼儿日常生活经验相关的教学活动。

二、幼儿期音乐发展特点

幼儿本能地享受移动、哼唱、歌唱、制造声音等活动。为幼儿提供正确的指导和良好的环境，就可以帮助其自然地发展到标准水平。通过提供适合幼儿的音乐指导和环境，可以较好地掌握幼儿音乐发展的特征。

幼儿通过各种媒介模仿学习和记忆歌曲，与单纯的旋律、和声相比，幼儿更喜欢节奏活泼的歌曲。当幼儿唱节奏活泼的歌曲时，能够看到他们会表现出更多积极的反应。幼儿很难和他人进行合唱，或者演唱音域太高或太低的音，以及速度太快的歌曲。他们也不喜欢难以引发兴趣的歌曲，而且不能长时间坐着。幼儿期是对打击乐器兴趣集中的时期，他们用敲打乐器的方式自由地表达声音、进行游戏。由于节奏感和音程感等还不确定等，大部分幼儿喜欢音乐，即使有音乐天赋也不明显。

下面是不同年龄阶段儿童的音乐发展特点。

0～6个月：幼儿在这一时期大部分的时间处于睡眠状态，这种状态会持续2个月左右。这个时期的幼儿会用哭声来表达自己的需求，并且对自己的声音也不感兴趣，在吸吮反射、哭泣、呼吸、哺乳、举起双手、踢双脚等过程中体验和感受节奏感和强弱。

6～12个月：这一时期的幼儿利用可以发出声音的物品进行游戏，并以此得到手部肌肉的发育。如果播放喜欢的音乐，就会做出动胳膊的动作，以此表示满足；如果播放讨厌的音乐，就会用哭泣来表达不快感。这一时期的幼儿会模仿父母的声音，或者用咿呀学语交流情绪，说出简短的单词。他们还会通过表情和语调认识语言的意义，模仿结尾音节，模仿大人的嘴型，发出表达感情的声音。

1～2岁：这一时期的幼儿开始握着父母的手学习走路，听到奇妙又新鲜的声音时，会竖起手指或大声喊叫，反应各式各样；而且，听到音乐就会摇晃身体，但并不是随着节奏跳舞。

2～3岁：这一时期幼儿的语言发育速度加快，音乐能力在此时期将会到多样开发。这一时期幼儿对发出声音的事物或乐器产生兴趣，在播放音乐时会有更多的身体动作；虽然会试图跟唱，但是又不能完全跟唱。

3～4岁：可以唱简单的歌曲，特别是2度到3度的音程很容易唱出来；喜欢哼着歌，用不同的方式表现歌曲，并且从中感到快乐。随着模仿能力增强，自发性歌唱的时间也越来越长；通过身体动作、幅度或大或小地、力度时而柔和、速度快速或缓慢地，利用声音或节拍进行创造性表现；通过坐下、站起、爬，和同龄幼儿手拉手、摇晃、推搡等动作，逐渐增强音乐的感知能力。

4～5岁：幼儿对和同龄人一起歌唱产生兴趣；喜欢自己歌唱，歌唱时能够意识到歌曲的强弱变化和节奏，可以将同一首歌以不同速度和不同音高演唱；这一时期，幼儿自我意识增强，会为了避免失误进行模仿学习，所以在得到教师的称赞时会表现出积极的行为和态度；在身体表现活动中，比起以往的年龄，动作变得细腻；当演唱简单的歌曲时，可以同时表现多个动作，如拍手、跺脚等。

许多学者对幼儿在不同年龄阶段表现出的音乐能力发展特点进行了研究。穆格对六个月至五岁半之间儿童的调查研究结果如表2-1所示。[1]

表2-1　幼儿在不同年龄阶段音乐能力的发展过程（穆格）

年龄/岁	音乐能力的发展
0.5	主动对音乐做出反应
0.5～1	对鲜明的节奏做出动作反应
1	发声"唱歌"
1～1.5	对音乐的反应更加明显，不同类型的身体动作增多，如脚尖和脚后跟的抬、放等

---

[1]　罗小平，黄虹.最新音乐心理学荟萃[M].北京：中国文联出版公司，1995：160.

续表

年龄/岁	音乐能力的发展
1.5	试图使动作与节奏协调
3～4	唱歌的时候做出合乎歌曲内容的表情及简单动作
4～5	有意识听音乐的可能性增加，思想上对音乐的反应增加，身体反应减少

Shuter-Dyson 和 Gabreiel 对幼儿在不同年龄阶段音乐能力的发展描述如表 2-2 所示。[①]

表 2-2 幼儿在不同年龄阶段音乐能力的发展过程（Shuter-Dyson 和 Gabreiel）

年龄/岁	音乐能力的发展
0～1	对声音做出各种反应
1～2	自发地、本能地"创作"并唱歌
2～3	能模仿唱出所听到的歌曲片段
3～4	能感知旋律的轮廓
4～5	能辨识音高、音区，能重复简单的节奏
5～6	能理解、分辨响亮之声与柔和之声，能从一些简单的旋律或节奏模式中辨认出相同的部分
6～7	歌唱时的音高已较为准确，明白有调性的音乐比不成调的音的堆积好听

综上所述，幼儿期在不同年龄阶段所展现出的音乐能力的发展是惊人的。本研究的研究对象为 4～6 岁的幼儿，研究目的为在这个被认为最适合唱歌和节奏教育的年龄阶段，设计出以节奏为中心的教学指导方案。通过这一指导方案，幼儿不仅可以完善前一阶段的教育，还可以为今后教育打下重要的基础。

---

① 罗小平，黄虹最新音乐心理学荟萃 [M]. 北京：中国文联出版公司，1995：160.

第二节 幼儿节奏教育

"音乐的原始要素是和谐的声音，它的本质是节奏。"[1] 作为音乐教育的重要内容之一，节奏对幼儿的身心发展具有重要价值。音乐教育家达尔克罗兹、柯达伊和奥尔夫都充分肯定了儿童节奏教育的重要性。达尔克罗兹认为在音乐中最强有力的、与人密切相关的要素就是节奏。[2]节奏是音响运动和情感体验的基础。他认为人具有天生的节奏本能，教师从儿童本身的节奏感出发，通过听音乐和身体运动等手段，来唤醒儿童天生的音乐本能。[3] 柯达伊认为节奏是人的本能，是各种音乐要素中和人的生理、心理感受最直接关联的部分，通过节奏训练可以发展听觉、音乐能力。[4] 奥尔夫认为节奏的训练不仅适合于少年、成人，而且更应提前至学龄前，充分发挥人人都有的人声和语言的作用，把呼唤、诗词、童谣、儿歌和歌唱作为教学的出发点；并认为这是一切儿童容易进入的一个天地。[5] 与动作、音乐结合的语言，成为奥尔夫原本性音乐教育的一个最重要的特征和组成部分。[6]

---

① HANSLICK E. On the musically beautiful[M]. 杨业治，译. 北京：人民音乐出版社，1980：49.

② 杨立梅，蔡觉民. 达尔克罗兹音乐教育理论与实践 [M]. 上海：上海教育出版社，2011：13.

③ 杨立梅，蔡觉民. 达尔克罗兹音乐教育理论与实践 [M]. 上海：上海教育出版社，2011：11.

④ 杨立梅. 柯达伊音乐教育思想与匈牙利音乐教育 [M]. 上海：上海教育出版社，2000：66.

⑤ 李妲娜，修海林，尹爱青. 奥尔夫音乐教育思想与实践 [M]. 上海：上海教育出版社，2010：52.

⑥ 李妲娜，修海林，尹爱青. 奥尔夫音乐教育思想与实践 [M]. 上海：上海教育出版社，2010：51-52.

儿童音乐教学方法中较为著名的有达尔克罗兹教学法、奥尔夫教学法和柯达伊教学法，三种教学方法无一不重视节奏教育。

一、达尔克罗兹教学法的"体态律动"

"体态律动"——倾听音乐的同时以身体动作体验、表达不同的音乐要素，是达尔克罗兹教学法最为独特的精华部分。他认为每个人天生具有节奏本能，存在于人的肌肉系统之中。对音乐和情感的体验必须以体态律动的节奏运动为基础。敏锐的音乐感依赖于敏锐的身体感受。节奏、旋律、和声、曲式、乐句、速度、力度、表情的多种细微变化都可以通过身体表现出来。例如，代表时间微差的速度变化——快板、行板、渐快、渐慢等；表示能量微差的力度变化——强、弱、渐强、渐弱等。

体态律动教学中主要使用的练习类型有快速反应（the quick reaction）、跟随（the follow）、代替（the replacement）、中断卡农（the interrupted cannon）、连续卡农（the continuous cannon）。钢琴是特别为体态律动教师指定的乐器。体态律动教师必须有熟练的钢琴即兴技巧和演奏能力，才能轻易地在演奏中随时变化不同的音乐元素。

二、柯达伊教学法的"节奏唱名法"

柯达伊教学法中关于节奏的教学采用了法国人谢维（Emile-Joseph-Maurice Cheve，1804—1864）所创立的节奏唱名法。这些节奏唱名并不代表音符的名称，而是用来表示音符时值的长短，让学习者能以口语化的节奏唱名感受节奏的时值，进而学习节奏符号的读写。节奏音节与唱名如表2-3所示：

表2-3 节奏音节（Rhythm Syllables）和唱名

五线谱音符	简写	简谱音符	音节名称
♩	⎸	X	ta
♫	⎴	XX	ti-ti
♬	⎵	XXXX	ti-ri-ti-ri
♫	⎴	XXX	ti-ti-ri
♫	⎴	XXX	ti-ri-ti
♪♪♪	⎸⎴⎸	X X X	Syncopa
♩	♩	X-	ta-a
♩.	♩.	X- •	ta-a-a
♩♪	⎸. ⎾	X • X	tam-ti
♪♩.	⎾⎸.	XX •	ti-tam
♫	⎴	X • X	tim-ri
♫.	⎴.	XX •	tir-m

三、奥尔夫教学法的"语言、动作与奏乐结合"

奥尔夫教学法以语言、动作和奏乐为媒介进行节奏教育。相比其他的音乐教学法，奥尔夫关于节奏教育的内容和方法更丰富。在奥尔夫教学法中，身体被当作打击乐器（body percussion）来运用，以身体发出的声响作为口语和歌曲的主要伴奏工具。将语言引入节奏教学，作为教学的出发点，是奥尔夫教学法的特色。词语、儿歌、童谣、诗歌等都可以成为节奏教学的资源。节奏常常由口语句型转移到身体动作，继续延伸到乐器演奏上。将一种以节奏性为主、无须技巧准备的打击乐器引入音乐教学是奥尔夫教学法的又一特色。它摆脱了动作训练只用钢琴的局限，学生可以自己奏乐。

这三种教学法虽然都重视节奏教育，但是它们在具体的教学法内容上存在诸多差异。研究者根据吉尔·科莫（Gilles Comeau）[1] 和乔克西（Choksy）[2] 的研究将它们的特点整理如表 2-4 所示。

表 2-4 达尔克罗兹、柯达伊和奥尔夫三种教学法的比较

类别		达尔克罗兹教学法	柯达伊教学法	奥尔夫教学法
音乐要素	节奏	节奏源自身体动作	节奏源自歌曲中分割的动机	节奏源自语言和动作
	旋律	音感训练主要建立在音阶上	以短小的动机导入，发展读谱技巧	以短小的动机导入，作为创作的工具
	唱名法	固定调唱名法	首调唱名法	首调唱名法，固定调唱名法（引入乐器之后使用）
媒介物		肢体动作是最重要的媒介，动作要求较为细腻、严格。几乎全部肢体动作都以钢琴即兴演奏作为伴奏	人声是最重要的媒介。在早期训练中使用肢体动作，为了扮演幼儿歌曲中的歌词形象	人声、动作、乐器都是主要媒介。肢体动作自然而不复杂。以简单不复杂的节奏乐器为自己的肢体动作伴奏
即兴创作		偏好有意识的即兴创作，或依照所听到的音乐变化和特性，运用身体，以自由即兴的方式表现，快速地做出回应	只以人声做创作。以儿童已认识的音乐要素，做有架构性而非随性的即兴创作	综合肢体动作、口语或歌唱、乐器，以团体的方式创作和演奏自己的音乐
读谱和记谱		记谱的学习在实际体验之后	读谱和记谱能力是全部音乐训练的重要基础。所有阅读、写作、理论的学习都通过歌唱教学进行	读谱和记谱只作为工具，而非学习的终点，并非不可或缺
曲目		不限制音乐的类型或来源。鼓励教师创作出自己的音乐教学材料	选用传统民谣、民间音乐、艺术音乐。流行乐在课堂上不被允许	各国幼儿诗歌、童谣、歌曲。不限制音乐的风格和类型

① COMEAU G. Comparing Dalcroze, Orff and Kodály[M]. 林良美，吴窈毓，陈宏心，译. 台北：洋霖文化有限公司，2012：38-90.

② CHOKSY L，ABRAMSON R M，GILLESPIE A E，et al. Teaching music in the Twenty-first Century[M]. 许洪帅，译. 北京：中央音乐学院出版社，2001：343-351.

续表

类别	达尔克罗兹教学法	柯达伊教学法	奥尔夫教学法
对音乐体验的解读	身体是理解音乐世界的最佳工具，在音乐体验中被用来联结思想和感情。体验形式最为精致、复杂，必须结合身体、大脑和情感	主要通过歌唱获得。所有的音乐体验都经过提前设计和详细的准备，没有随机的体验	体验通常意味着自由地说白、歌唱、身体动作和乐器演奏。顺应儿童的自然发展学习音乐，强调音乐体验中儿童自身的参与。过程重于内容。不断鼓励个人的体验和探索
教学活动	教师必须自己去做教学计划并创造出大部分的学习活动，并且必须执行一套较为复杂的律动练习	教学活动需要事先详尽地准备，学生跟着事先计划的模式。教师在构建好的课程中并没有太多的选择和变化	教师要根据自己的创意发展自己的课程。相对自由，没有既定的教学先后顺序和进度

　　纵观三种教学法的特点，可以发现它们的不同之处。达尔克罗兹教学法对歌唱的运用不够充分，对动作的要求相对于奥尔夫教学法较为绝对，教师必须执行一套复杂的律动练习用以进行音感训练的教学。另外，它有一套极为严格的教师资格认证制度，对教师能力的要求非常高。柯达伊的教学方式极为严谨，所有学生接受的教育在程序和教材上非常相似，个人的天赋与偏好没有得到足够的重视，且乐器学习必须在读谱学习之后才能开始。教师没有足够空间发挥自己的创造性。奥尔夫教学法的教学过程较为自由，强调"做音乐"（making music）的重要性，重视开放性和创造性；顺应儿童的自然发展学习音乐，让儿童在主动参与中积累音乐经验，并不断鼓励个人的体验、探索和创造。但它对学生的要求相对于另外两种方法较为宽松，可能会导致学生音乐能力发展的深度不够。因而，奥尔夫教学法更适合于幼儿阶段的音乐教育。

第三章　奥尔夫教学法

第一节　奥尔夫教学法的形成背景

出生于德国慕尼黑的作曲家和音乐教育家卡尔·奥尔夫，最初并非有意致力于儿童音乐教育。于慕尼黑音乐学院毕业后，奥尔夫曾在不同的歌剧院与剧院担任指挥，他的大部分精力都放在了音乐创作上。1937 年在法兰克福歌剧院首演的《布兰诗歌》（*Carmina Burana*）是奥尔夫最为人熟知的音乐作品，随后他又创作了《月亮》（*Der Monde*，1938），《勤俭的妇人》（*Die Kluge*，1942）等作品。

探究奥尔夫走向儿童音乐教育的根源，要追溯到他对舞蹈的钟爱。正值青年时期的奥尔夫，通过玛丽·魏格曼（Mary Wigman，1886—1973）学习到了达尔克罗兹和拉班（Rudolf von Laban，1879—1958）的教育理念。拉班是当时杰出的舞蹈家之一，而魏格曼是达尔克罗兹和拉班的学生，也是当时新式舞蹈（Express Dance）的明日之星。奥尔夫在为舞蹈创作音乐的过程中，舞者自己奏乐（鼓、钹、铃鼓、响木）进行表演，音乐与舞蹈合二为一，成为整体。

1924 年，奥尔夫为舞蹈创作的音乐被应用在他和朋友桃乐西·军特（Dorothee Günther，1896—1975）一起建立的军特学校（Güntherschule）的课程中，从那开始，奥尔夫逐步参与音乐教育。在这所教授体操、舞蹈和音乐的学校里，他们的教学方式是以最原始的乐器——鼓来引导学生从固定拍、速度、节拍中积累音乐经验，在舞蹈中表现这些音乐元素，再将其回应到乐器的敲奏上。整个学习过程的重心是在做中学（doing）。

这样的教学方法就是奥尔夫的元素性教学。出色的教学成果使学校很快名声远扬。1926年，古尼特·凯特曼（Gunild Keetman，1904—1990）成为军特学校的一名学生，奥尔夫请这位有着非凡音乐与律动天赋的学生协助研究其最新研制的音条乐器的演奏技巧，并创作作品。奥尔夫开始将这些契合了元素性教学的乐器融入音乐创作中，包括鼓、铃鼓、钹和响木，还有音条乐器如木琴、钢片琴、钟琴，竖笛，这些乐器被普遍称作奥尔夫乐器。

自从1936年为柏林奥运会的儿童表演作曲大获成功之后，奥尔夫受邀去到多所大学院校介绍他的教学方法，其教材也受到关注。1945年，因第二次世界大战和纳粹政权的统治，军特学校和所有的乐器都被摧毁，奥尔夫因此放弃教学。直到1948年，受巴伐利亚广播电台的邀请，奥尔夫为儿童创作音乐，此间，他认识到语言和歌唱应成为儿童节奏训练的起点，开启了儿童音乐教学的探索。

1949年，凯特曼受莫扎特音乐学院院长普雷斯纳（Preussner）邀请负责儿童音乐教学，并与军特学校毕业生合作，将军特学校的教学方法用于儿童音乐教学上。五册教材《学校儿童音乐教材》（*Orff Schulwerk：Musik für kinder*）——奥尔夫与凯特曼的合作成果，于1950—1954年出版。

1953年，来自多伦多皇家音乐学院的瓦尔特（Walter）博士与东京武藏野音乐学院院长福井（Fukui）教授观摩了这种音乐教学方法并予以高度赞赏，这使得奥尔夫教学法有机会进入国际化的传播和发展进程。1961年，奥尔夫音乐学院在萨尔茨堡成立，主要负责师资培养和教学法的推广。1963年，该学院成为莫扎特音乐学院的音乐教育部。

第二节　《学校儿童音乐教材》

　　1950—1954 年出版的五册《学校儿童音乐教材》是奥尔夫教学法的结晶，也是他与凯特曼长期实践合作的成果。"原本性"理念明了地呈现在书中的每一个课例之中。包括节奏童谣和歌唱游戏在内的共计1 000 多个课例活动都以曲谱的方式出现。每一个曲谱后都附有简介或说明，标明教学过程中的重难点，为从事音乐教学的普通学校教师提供了重要指导。五册《学校儿童音乐教材》中每一册的练习都遵循着由简单到复杂的顺序，但是这五册教材的教学材料却没有按照循序渐进的方式呈现。教师可以从任一册子中选取教学材料。

　　《学校儿童音乐教材》的内容简介如表 3-1 所示。

表 3-1　《学校儿童音乐教材》介绍

卷号	标题	内容概要	内容介绍
第一卷	五音	1. 诗歌与唱奏的歌曲 2. 节奏——旋律练习 3. 演奏的乐曲	歌曲与旋律从两个音入手，逐渐发展至 3～5 个音
第二卷	大调	1. 波尔顿（bordun）：六个音，七个音 2. 各级和弦：第一级和第二级，第一级和第六级	以第一卷作为基础，主要是歌曲和器乐曲。作品的多声部织体以固定音型（ostinato）和波尔顿为主，运用各级和弦，采用固定两个和弦反复进行
第三卷	大调	属和弦：第五级，其他的调，第四级，带有七音和九音	运用第五级和弦时，注意与波尔顿区分，但不排斥运用波尔顿形式。同时继续学习第一卷的节奏练习

续表

卷号	标题	内容概要	内容介绍
第四卷	小调	1. 波尔顿：艾奥利亚调式、多利亚调式、弗里吉亚调式、利第亚调式、混合利第亚调式 2. 各级和弦：第一级和第七级，第一级和第三级以及其他各级和弦	小调练习以波尔顿和各级和弦开始。在歌词方面增加了景象描绘和感受的内容。重视自然小调和各种小调性的调式
第五卷	小调	属和弦：无导音的第五级，有导音的第五级，第四级，配乐朗诵	通过小调的属和弦练习，可以掌握七音范围内原本的和省基础。以节奏练习、朗诵乐曲和宣叙调作为全部内容的补充

第三节　奥尔夫的音乐教育哲学

奥尔夫的教育哲学主要有七种表述。

一、音乐教育首先是人的教育

奥尔夫曾表明，他的理念——一种原本的音乐教育理念，可以说是从根本上对人进行培养的理念。[1]不在于单纯地学习音乐技术与理论，而在于个体能够通过自身的创造力，找到自己对音乐的表达方式，真正地理解音乐，最终实现人格的塑造。奥尔夫本人称之为人格的塑造（Menschenbildung）。他曾说，"音乐并不是我的目的，音乐只是我达到散发心灵力量的一个手段罢了"[2]。

[1] ORFF C. Orff-schulwerk : past&future[M]// HASELBACH B. Texts on theory and practice of Orff-schulwerk（Volume 1）. 刘沛，译. 北京：中央音乐学院出版社，2014：51-60.
[2] 李妲娜，修海林，尹爱青. 奥尔夫音乐教育思想与实践 [M]. 上海：上海教育出版社，2010：21-22.

二、音乐学习应从原始的、简单的、基本的形式开始

奥尔夫曾在其论文《奥尔夫教学法：过去和未来》中谈道："何为'原本的'？'原本的'拉丁语原文是 elementarius，与元素、原始的、基本的等词义相关。"[①]

（一）音乐教学始于人自身

音乐教学的起点，无论是儿童还是成人，都始于人的自身，来自内心的宁静、倾听自己的心跳和呼吸。对儿童来说，音乐教学的起点是游戏，不是让孩子走向音乐，而是让音乐发自他们的内心。顺应儿童喜爱游戏的天性，允许他们在游戏中，将自己的内心想法自由地表达出来。每个人都有自己独特的音乐表达方式，当儿童以"创作者"的角色来体验音乐的时候，他们会主动地寻找并发现音乐的多样性与魅力，通过创造音乐而学习音乐，此时，音乐教学就自然而然地开始了。

（二）从简单的、基础的音乐元素开始学习

"原本的音乐……它是先于智力的，不用什么大型的形式和结构，其自身仅包含着简单的序列性结构、固定音型和小型回旋曲式。它是原始的、自然的、几乎是一种物质的活动。任何人都能够学会它、享受到它，尤其适合于孩子们。"[②]一个节奏型、一段旋律或者一个固定音型等短小的材料都可以成为音乐学习的起点。

---

① ORFF C. Orff-schulwerk：past&future[M]// HASELBACH B. Texts on theory and practice of Orff-schulwerk（volume 1）. 刘沛，译. 北京：中央音乐学院出版社，2014：23-27.

② ORFF C. Orff-schulwerk：past&future[M]// HASELBACH B. Texts on theory and practice of Orff-schulwerk（Volume 1）. 刘沛，译. 北京：中央音乐学院出版社，2014：51-60.

（三）从儿童音乐教育开始

诉诸人格塑造的原本性音乐教育从儿童音乐教育开始，但决不只限于儿童，应成为一切音乐教育的基础。它一方面是贯穿于人成长始终的一种教化手段；另一方面，它在培养专业音乐人才的每个阶段都是不可或缺的。每一个人都有接受音乐教育的权利。学校的教学活动面向所有的孩子们，无论他们是否具备音乐天赋，都可以感受音乐、享受音乐、表现音乐、创造音乐。完全不具备音乐感的儿童是非常罕见的，几乎所有的儿童在某方面都是可以促进的、可以教育的。

三、音乐是融语言、歌唱、动作为一体的综合艺术活动

原本的音乐绝不是孤立的音乐，是和动作、舞蹈、语言紧密结合在一起的。《乐记》（西汉时期由刘德与毛生等人编纂）中记载："故歌之为言也，长言之也。说之，故言之。言之不足，故长言之。长言之不足，故嗟叹之。嗟叹之不足，故不知手之舞之足之蹈之也。"无论在2 000多年前的中国古代乐论思想中，还是在古希腊的 Musicaea 理念中，音乐从来就是与语言、动作结合的统一体。奥尔夫原本的音乐教育理念来自对古希腊 Musicaea 的回归，还原了人类与音乐最初关系的本来面目。

四、主动参与，体验在先

原本的音乐是一种人们必须自己参与的音乐。原本的音乐教育力求在实践、情感和认知之间取得平衡，因此，实践活动必须居于突出地位。片面的、被动的音乐聆听和缺乏主动的实际参与的教学，不仅有损人们的音乐经验，而且会使人养成消极被动、只听不做、空谈快意的怪癖态度。"尝试和做就是一切，语言文字的解释，只有对已经体验过的人来说，才可以被完全理解，他才会感到这些语言文字不仅仅是他自己

经验的证实。"①

五、节奏是音乐教学的核心元素

节奏是将音乐、语言和动作结合在一起的核心元素，也是奥尔夫认为的音乐中最基本的元素。因而，节奏练习是运用奥尔夫教学法进行音乐教学的核心内容。

六、重视过程

在奥尔夫教学法中，"过程"这个词是至高无上的。而过程的关键则在于"探索"和"体验"。对音乐诸要素的探索，开始是通过最简单，甚至是粗糙的形态进行的。通过体验，逐渐地向深层次发展。

七、集体教学，分组活动

奥尔夫教学法中的很多活动都是通过和同伴之间的合作完成的，孩子们在合作的过程中感知他人的存在，培养合作意识，学习领导与被领导。他们能够意识到自己的存在，意识到别人的存在，之后才是意识到乐器、空间、时间、声音等的存在。孩子们可以在游戏中快乐地感受自己和伙伴，成人则可以在运动中彼此交流。

第四节　奥尔夫教学法节奏教育的内涵

奥尔夫以"原本性（elementarius）"作为其音乐教育的核心理念。这意味着孩子们可以自由地、自发地、游戏式地感受和享受音乐，并对音乐产生兴趣。奥尔夫教学法中，语言、动作和音乐是融合在一起的，

---

① 廖乃雄，论音乐教育 [M]. 北京：中央音乐学院出版社，2010：206.

通常对口语、歌唱、身体表现、乐器演奏等进行综合运用。奥尔夫在这种综合体验中认识到节奏学习是音乐学习的基础。

奥尔夫教学法将语言、动作和乐器演奏等媒介综合起来进行节奏教育。相比其他的音乐教学法而言，奥尔夫关于节奏教育的内容和方法更为丰富。将语言引入节奏教学，作为教学的出发点，是奥尔夫教学法的特色。一个词语成为节奏结构的一种形态，多个词合并成短句的语言框架（phrase）。在日常字词中，通过丰富的语言素材来学习节奏，如灵活运用词语、童谣、诗歌中的韵律节奏，比起学习抽象的节奏，更为具体、有效。身体被当作打击乐器来运用，以身体发出的声响作为口语和歌曲的主要伴奏工具。节奏常常由口语句型转移到身体动作，继续延伸到乐器演奏上。将一种节奏性为主、无须技巧准备的打击乐器引入音乐教学是奥尔夫教学法的又一特色。节奏学习活动的方法主要有通过语言的节奏学习、通过身体动作的节奏学习、通过打击乐器的节奏学习、游戏式的节奏学习等。

下面来了解一下奥尔夫节奏教学方法的运用，主要通过以下四种媒介进行。

一、口语

音乐的基本元素，如节拍、节奏、旋律、和声或旋律音高的组织排列等都能够在语言中寻找归属。学习说话就是学习节奏，学习语言就是学习乐句，学习语言就是学习表达。口语表达是在孩子们尚未识字之前，最自然的一种音乐活动。孩子们可以利用日常语言表达中的语言节奏进行音乐活动。孩子的名字、熟悉的字词、食物和地方名称、简单的童谣和儿歌等都可以作为语言活动资源。

（一）从姓名、字词开始的节奏朗诵

1. 姓名

X X | X X | X X | X X |
我叫 乔乔，我 叫 张思 远

2. 交通工具名词

X X | X X X | X X X X |
高 铁 洒水 车 公共 汽车

3. 地名

X X | X X X |
河南 平顶 山

4. 食物名词

X X | X X X |
苹果 水蜜 桃

（二）成语、谚语等节奏朗诵

1. 成语

X X X X 0 | X X X X 0 |
万事 如意， 春暖 花开

2. 谚语

X X X X 0 | X X X X 0 |

世上 无难 事,只怕 有心 人

(三)儿歌、童谣的节奏朗诵

✕✕ ✕ | ✕✕ ✕ | ✕✕ ✕✕ | ✕✕ ✕ |
小白 兔, 白又 白, 两只 耳朵 竖起 来,

✕✕ ✕✕ | ✕✕ ✕ | ✕✕ ✕✕ | ✕✕ ✕ |
爱吃 萝卜 爱吃 菜, 蹦蹦 跳跳 真可 爱。

除了单纯地念读字词、儿歌等,孩子们还可以创造语言节奏活动。首先,念读儿歌、童谣;其次,为儿歌、童谣添加多声部的节奏念读;再次,在语言念读的基础上,添加拍手、跺脚、拍腿、拍朋友肩膀等身体动作,同时,使用固定音型,添加适合的拟声词和有节奏感的内容,反复念读;最后,念读活动的伴奏由身体动作转移到实际的打击乐器演奏。

二、歌唱

熟悉语言节奏后,可以直接进行歌唱学习。当幼儿用语言表达时,会发现这句话本身具有的语音音调,在拍手的同时,简短地唱读语句中自然出现的音程,通过提问和应答式的对话唱歌,模仿教师的歌唱,自然地理解音与音之间的关系。在初期阶段,教师和幼儿,或者幼儿之间用简短的旋律相互呼应,唱歌,或模仿教师唱歌。幼儿唱着这些旋律,不仅做身体动作,还演奏乐器,甚至即兴创作自己的歌曲。教师可以灵活运用儿歌、童谣、诗歌或民间传统游戏等素材,这些都是奥尔夫歌唱活动的重要活动资源。

歌唱时的旋律音,一开始以相距小三度音程的两个音起步,然后逐步到五声音阶的第三、四和第五个音。五声音阶符合幼儿发展的特点,不同文化的儿童民谣都建立在五声音阶上。它的特色是全音、小型跳进音程,没有半音,没有强烈的调性中心,这不仅让旋律易唱,而且让即兴创作变得自由、轻松。

三、身体动作

奥尔夫认为，音乐出于动作，动作出于音乐（out of movement, music；out of music, movement）。[①] 用身体表现音乐是人最本能、最自然的方式。在奥尔夫音乐活动中，身体表现的领域很广，其中包括行走、爬、跑步、蹦跳、转圈、拍手、跺脚、拍膝盖、弹手指等。即使没有特别的练习，也没有特定目的，孩子独自一人，也会出于好玩有趣做出身体动作。对于孩子来说，身体的活动本身就是一大乐趣。幼儿通过他们自己的身体来表示他们是怎样感觉和理解音乐的。正是通过倾听和身体动作的翻译，幼儿获得了他们最初关于音乐的知识和音乐学习的基础。

奥尔夫把这些动作自然地与音乐联系在一起。动作可以分为原地动作和空间移动动作，二者既可以独立运用，又可以综合运用。原地动作是在原地、同一个位置上发出的动作，如拍击、摇摆、扭动、弯曲、旋转、原地踏步等。空间移动动作指在做动作的同时产生了位置移动，如有位置移动的走、跑、跳、爬行等。同一个身体部位也可以做出不同的动作表现。各身体动作的表现如表 3-2 所示。

表 3-2　不同身体部位的动作表现举例 [②]

身体部位	同一个身体部位的不同动作表现
头部	点头、转头、仰头等
手部	手心拍手心、搓手、手心拍手背、手背拍手背、指尖摩擦、指尖点手心等
腿部	双手拍双腿、单手拍单腿（左右手交替或单手连续）、双手在同一腿上交替拍等
脚部	双脚跺、单脚跺、脚尖点地、脚跟点地等

① 李妲娜，修海林，尹爱青.奥尔夫音乐教育思想与实践 [M].上海：上海教育出版社，2010：38.

② 秦德祥，杜磊.音乐课堂教学的经典方法 [M].福州：福建教育出版社，2013：129.

由动作体验和表达的核心内容就是音乐元素，包括节奏、旋律、速度、强弱、乐句等。例如，音乐力度的强弱可以用身体重心位置的高低来表达，也可以用肌肉力量的大小来表达；音乐速度的快慢可以用不同的运动速度来表现，如表 3-3 所示。

表 3-3　不同速度与音符的动作表现举例 [①]

速度	动作	音符
快速	小跑	八分音符
中速	踏步	四分音符
较慢	散步	二分音符
缓慢	爬行	全音符

四、乐器演奏

奥尔夫教学法使用的乐器包括无固定音高的乐器和有固定音高的乐器。无固定音高的乐器包括身体打击乐和无固定音高的真实打击乐器。有固定音高的乐器包括旋律打击乐器和其他旋律乐器。下面对身体打击乐和真实的乐器两种类别进行介绍。

首先，身体打击乐。奥尔夫将人的身体视为第一件乐器，通过身体动作表现节奏，然后将身体的节奏转移到歌唱和乐器的演奏中。通过拍击身体不同部位，结合不同的节奏型产生的声音效果，叫作身体打击乐（body percussion）。在音乐学习的早期阶段，身体是语言与歌唱的主要伴奏乐器。身体动作通常可以在不同的空间水平上表现声音的高低。身体动作在空间的高低位置与音响的高度、旋律音高三个方面的对应关系如表 3-4 所示。

---

① 秦德祥，杜磊．音乐课堂教学的经典方法 [M]．福州：福建教育出版社，2013：130.

表 3-4　身体打击乐的四种基本类型简介 ①

身体打击乐四种基本类型			旋律音
动作名称	空间位置	音高	
捻指	高	高	高音 do
拍手	中高	较高	中音 sol la
拍腿	中低	较低	中音 do re mi
跺脚	低	低	低音 sol

其次，从实际的打击乐器来看，奥尔夫的《学校儿童音乐教材》中使用了许多适用于学校的打击乐器，并且奥尔夫为其编写了练习教材，所以人们将《学校儿童音乐教材》里使用的打击乐器称为"奥尔夫乐器"，逐渐地，凡是应用于奥尔夫教学法的打击乐器都被称为"奥尔夫乐器"，这是广义上的叫法。除了身体打击乐外，还有无固定音高的打击乐器和有固定音高的打击乐器。无固定音高的打击乐器按照材质的不同可以分为皮革类乐器、木质类乐器、金属类乐器。有固定音高的打击乐器包括定音鼓、音块，音条乐器和其他旋律乐器。

根据李妲娜 ② 和秦德祥 ③ 等人的研究可以将奥尔夫乐器整理如表3-5 所示。

表 3-5　应用于奥尔夫教学法的乐器介绍

乐器种类	乐器名称	特点
身体打击乐	捻指（fingerschnalzen） 拍手（klatschen） 拍腿（patschen） 跺脚（stampfen）	以分开或组合的方式来表现不同的节奏，常常担任语言和分区活动的主要伴奏工具

---

① 秦德祥，杜磊.音乐课堂教学的经典方法 [M].福州：福建教育出版社，2013：131.

② 李妲娜，修海林，尹爱青.奥尔夫音乐教育思想与实践 [M].上海：上海教育出版社，2010：154-157.

③ 秦德祥，杜磊.音乐课堂教学的经典方法 [M].福州：福建教育出版社，2013：146-148.

续表

乐器种类		乐器名称	特点	
无固定音高打击乐器	皮革类乐器	手鼓（hand drum） 铃鼓（tambourine） 小军鼓（snare drum） 大军鼓（bass drum） 堂鼓（chinese tom-tom） 中国大鼓（chinese drum） 邦戈鼓（bongos） 定音鼓（timpani）	音量较大，较低沉、浑厚，适合作为低音部	
	木质类乐器	节奏棒（rhythm stick） 响棒（claves） 响板（castanets） 木鱼（temple blocks） 响木（wood blocks） 蛙鸣筒（guiro）	声音清脆、明亮、短促，无延音	
	金属类乐器	三角铁（triangle） 碰钟（double bells） 锣（gong） 钹（cymbals） 串铃（sleigh bell） 卡巴萨（cabasa） 牛铃（cow bell） 阿果果（agogo bells）	声音明亮、穿透力强、延音较长	
	散响类乐器	铃鼓（tambourine） 串铃（sleigh bell） 沙球（maracas） 卡巴萨（cabasa）	声音细碎，音量较小，音长靠摇动控制	
旋律打击乐	钟琴	高音钟琴（SG：soprano glockenspiel） 中音钟琴（AG：alto glockenspiel）	声音清脆、明亮，富有诗意和儿童气息，延音较长	音条乐器可以自由拆卸和更换音片。孩子演奏时简单、方便
	金属琴	高音金属琴（SM：soprano metallophone） 中音钢片琴（AM：alto metallophone） 低音钢片琴（BM：bass metallophone）	音条比钟琴大、厚，一般有11～13个音条。延音更强烈、持久，音色更柔和	
	木琴	高音木琴（SX：soprano xylophone） 中音木琴（AX：alto xylophone） 低音木琴（BX：bass xylophone）	有13个木条，音色温和	

续表

乐器种类		乐器名称	特点
其他旋律乐器	竖笛	最高音竖笛（SOR：sopranino recorder） 高音竖笛（SR：soprano recorder） 中音竖笛（AR：alto recorder） 低音竖笛（BR：bass recorder）	主要用于旋律声部
	弦乐器	低音提琴（double bass）	常用于演奏波尔顿
	键盘乐器	钢琴（piano）	
天然乐器		石头、地板、桌子、杯子、报纸……	生活中可以发出声响的都以当作天然的乐器

这些真实的奥尔夫乐器的特点如下：第一，突出节奏；第二，音色鲜明，富有个性，易于激发儿童的想象力；第三，无须技巧准备，避免演奏技术的负担，很容易进入即兴创作，特别适于儿童参与、体验音乐。

奥尔夫乐器的伴奏形式主要有以下几种。一是固定音型：将几个音按固定节奏型组成固定音型，反复运用于全曲。二是波尔顿：即两个音交替演奏，一般是五度波尔顿（由调式主音向上构成的五度）或者四度波尔顿（由调式主音向下构成四度）。奥尔夫乐器为旋律伴奏的方式比较简单，具有重复使用、变化较少的特点，且容易合成多声部，适合儿童演奏，体现了奥尔夫原本性的音乐教育理念。

第五节　奥尔夫教学法的学习阶段

奥尔夫教学法强调亲身体验的重要性。儿童在一开始就被鼓励去探索声音和音乐的各种制造方法，以获得属于自己的音乐经验。音乐经验从最初的语言和大肌肉活动开始，到有旋律的歌唱、身体节奏，再到乐器演奏。奥尔夫理想中的学习阶段是探索—观察—模仿—体验—创造。对音乐诸要素的探索，开始是通过最简单，甚至是粗糙的形态进行的。通过模仿、体验，逐渐地向深层次发展，最终达到创造。下面根据Comeau① 和Choksy② 等人的研究对学习阶段的探索、模仿、创造这三个环节进行说明。

一、探索

探索，包括空间的探索、声音的探索、曲式的探索。

空间的探索是指鼓励孩子们通过动作去探索空间。对于动作的力度——轻、重，动作的空间方向——上、下、前、后等，动作的轮廓线条——流畅、间断，教师不会施加特定的限制。

声音的探索包括外部环境声音探索、乐器的声音探索、人声的探索。外部环境声音包括无规律的声响，如马路上车辆行驶的声音、动物的叫声、物体掉落在地板上的声音等。无规律的声音探索可以转移到有规律的声音探索，如孩子们可以尝试探索鼓的各种击奏方式，发出不同的音色。嗓音的探索属于人声的探索，如探索口腔发出声音的不同方式，发出一些无意义词语的声音。将以上这些声音用简单的曲式结构组织起来，就成为下一步探索的素材，这是导向丰富的音乐体验的重要一步。

曲式结构的探索其实是与空间探索、声音探索同步进行的。曲式与动作、声音之间互相组合，形成"作品"。

---

① COMEAU G. Comparing Dalcroze, Orff and Kodály[M]. 林良美，吴窈毓，陈宏心，译. 台北：洋霖文化有限公司，2012：48-50.

② CHOKSY L, ABRAMSON R M, GILLESPIE A E, et al. Teaching music in the Twenty-first Century[M]. 许洪帅，译. 北京：中央音乐学院出版社，2001：109-110.

二、模仿

模仿在学习中占有重要的地位，是所有创造活动中不可缺少的环节。儿童先观察，然后模仿，模仿成功之后，他们会产生好奇，在教师给予的材料基础上寻求新的音乐体验，接着很容易地进入创造。

奥尔教学法中的模仿，分为同时模仿、间断性模仿和连续性模仿。同时模仿，又称"镜面模仿"（simultaneous imitation），它是学生与教师行为保持时刻同步的一种模仿活动。学生从一开始就要对教师的各种表现高度关注，包括身体动作与表情、节奏表现等，像照镜子一样，镜子里的是另一个自己。该活动能够训练学生的观察与快速记忆能力。

<乐谱 1> 同时模仿举例[①]

间断性模仿，又称"回声模仿"（echo imitation）。教师在表现一个节奏型之后，立即停下来等待学生用模仿予以回应；此后教师继续一个新的节奏型，停下等待学生接着模仿；如此持续下去。该活动常用来训练学生对节奏的快速记忆能力。

<乐谱 2> 间断性模仿举例[②]

连续性模仿（overlapping imitation），即教师连续不断地表现新的

---

① 李妲娜，修海林，尹爱青.奥尔夫音乐教育思想与实践 [M].上海：上海教育出版社，2010：73.

② 李妲娜，修海林，尹爱青.奥尔夫音乐教育思想与实践 [M].上海：上海教育出版社，2010：73.

节奏型，学生在若干拍或小节之后，开始连续不断地模仿。该活动与间断性模仿相比难度更大。学生必须在三种记忆世界里，将过去的记忆变成现在的表现，并将现在的所听和所见转变成将来的表现。该活动能够培养学生内心的节奏感；发展学生即便在手忙脚乱、出现错误的情况下仍然能够重新找到切入口并持续下去的能力；同时，训练学生在意识到对位声部进入的时候仍然保持自己声部独立性的能力。

<乐谱 3> 连续性模仿举例 [1]

三、创造

创造或者即兴是奥尔夫教学法学习步骤的最高阶段。在他看来，即兴是人表达音乐感的一种自然的方式。无论是身体上的即兴还是乐器演奏上的即兴，都只有通过音乐元素的学习、技能技巧的成熟、音乐感的培养，才能有材料、有内容地进行即兴。教师应为学生提供轻松、开放的环境，帮助他们在现有能力的基础上进行创作。

这里介绍学生的简单创作事例。这是一个学生将校歌的节奏连接起来进行创作的例子。

首先，节奏接头，教师手拍四拍节奏，学生重复前两拍，再即兴拍两拍，教师继续新的四拍节奏，再换一个学生接拍，并即兴拍两拍，乐谱如下。

<乐谱 4> 节奏接龙举例 1 [2]

---

[1] 李妲娜，修海林，尹爱青.奥尔夫音乐教育思想与实践 [M]. 上海：上海教育出版社，2010：73.

[2] 李妲娜，修海林，尹爱青.奥尔夫音乐教育思想与实践 [M]. 上海：上海教育出版社，2010：78.

其次，节奏接尾，教师手拍四拍节奏，学生即兴拍前两拍，重复后两拍，教师继续新的四拍节奏，再换一个学生接拍，依然是即兴拍前两拍，重复后两拍，如此接龙下去。

＜乐谱5＞节奏接龙举例2[1]

和至今为止所看到的内容一样，本研究使用的指导方案中，遵循了探索、模仿、创造这三个学习阶段。幼儿在学习中探索音乐或乐器的声音，感知空间、声音、乐曲的形式，同时模仿研究者的语言和动作表现节奏，他们的观察力和记忆力得到促进和发展。另外，研究者也进一步为幼儿创造稳定的学习环境，使幼儿获得创作机会。

① 李妲娜，修海林，尹爱青. 奥尔夫音乐教育思想与实践 [M]. 上海：上海教育出版社，2010：79.

第四章　中国幼儿节奏音乐教育

第一节　中国幼儿音乐教育

中国幼儿园阶段的幼儿年龄处于 3～6 岁，正值幼儿音乐教育的关键期。各国对于幼儿音乐教育的发展要求最直观地体现在国家制定颁发的幼儿园教育政策文件之中。中国现行的幼儿园教育指导文件是由教育部颁布实施的《幼儿园教育指导纲要（试行）》（2001）和《3～6 岁儿童学习与发展指南》（2012）。《幼儿园教育指导纲要（试行）》（以下简称《纲要》）作为纲领性文件，指明了幼儿园教育的总体目标和发展方向。《3～6 岁儿童学习与发展指南》（以下简称《指南》）提出了 3～6 岁各年龄段儿童学习与发展目标和相应的教育建议。

一、目标和内容

《纲要》将幼儿园教育内容分为健康、语言、社会、科学、艺术五大领域。其中，音乐和美术被合并纳入艺术领域。结合《纲要》和《指南》的内容，对目前中国幼儿园音乐教育的目标和内容进行了整理，如表 4-1 所示。

表4-1 中国幼儿园音乐教育的目标和内容

幼儿园的任务	幼儿园的任务 贯彻国家的教育方针，按照保育与教育相结合的原则，遵循幼儿身心发展特点和规律，实施德、智、体、美等方面全面发展的教育，促进幼儿身心和谐发展 各领域的内容相互渗透，从不同的角度促进幼儿情感、态度、能力、知识、技能等方面的发展		
艺术教育目标	1. 能初步感受并喜爱环境、生活和艺术中的美 2. 喜欢参加艺术活动，并能大胆地表现自己的情感和体验 3. 能用自己喜欢的方式进行艺术表现活动		
艺术领域学习与发展的内容	感受与欣赏	目标1：喜欢自然界与生活中美的事物	3～4岁 1. 喜欢观看花草树木、日月星空等大自然中美的事物 2. 容易被自然界中的鸟鸣、风声、雨声等好听的声音所吸引
			4～5岁 1. 在欣赏自然界和生活环境中美的事物时，关注其色彩、形态等特征 2. 喜欢倾听各种好听的声音，感知声音的高低、长短、强弱等变化
			5～6岁 1. 乐于收集美的物品或向别人介绍所发现的美的事物 2. 乐于模仿自然界和生活环境中有特点的声音，并产生相应的联想
		目标2：喜欢欣赏多种多样的艺术形式和作品	3～4岁 1. 喜欢听音乐或观看舞蹈、戏剧等表演 2. 乐于观看绘画、泥塑或其他艺术形式的作品
			4～5岁 1. 能够专心地观看自己喜欢的文艺演出或艺术品，有模仿和参与的愿望 2. 欣赏艺术作品时会产生相应的联想和情绪反应
			5～6岁 1. 艺术欣赏时常常用表情、动作、语言等方式表达自己的理解 2. 愿意和别人分享、交流自己喜爱的艺术作品和美感体验

续表

艺术领域学习与发展的内容	表现与创造	目标1：喜欢进行艺术活动并大胆表现	3～4岁 1. 经常自哼自唱或模仿有趣的动作、表情和声调 2. 经常涂涂画画、粘粘贴贴并乐在其中
			4～5岁 1. 经常唱唱跳跳，愿意参加歌唱、律动、舞蹈、表演等活动 2. 经常用绘画、捏泥、手工制作等多种方式表现自己的所见所想
			5～6岁 1. 积极参与艺术活动，有自己比较喜欢的活动形式 2. 能用多种工具、材料或不同的表现手法表达自己的感受和想象 3. 艺术活动中能与他人相互配合，也能独立表现
		目标2：具有初步的艺术表现与创造能力	3～4岁 1. 能模仿学唱短小歌曲 2. 能跟随熟悉的音乐做身体动作 3. 能用声音、动作、姿态模拟自然界的事物和生活情景 4. 能用简单的线条和色彩大体画出自己想画的人或事物
			4～5岁 1. 能用自然的、音量适中的声音基本准确地唱歌 2. 能通过即兴哼唱、即兴表演或给熟悉的歌曲编词来表达自己的心情 3. 能用拍手、踏脚等身体动作或可敲击的物品敲打节拍和基本节奏 4. 能运用绘画、手工制作等表现自己观察到或想象的事物
			5～6岁 1. 能用基本准确的节奏和音调唱歌 2. 能用律动或简单的舞蹈动作表现自己的情绪或自然界的情景 3. 能自编自演故事，并为表演选择和搭配简单的服饰、道具或布景 4. 能用自己制作的美术作品布置环境、美化生活

续表

教师的作用（角色）	1. 引导幼儿接触周围环境和生活中美好的人、事、物，丰富他们的感性经验和审美情趣，激发他们表现美、创造美的情趣 2. 在艺术活动中面向全体幼儿，要针对他们的不同特点和需要，让每个幼儿都得到美的熏陶和培养，对有艺术天赋的幼儿要注意发展他们的艺术潜能 3. 提供自由表现的机会，鼓励幼儿用不同艺术形式大胆地表达自己的情感、理解和想象，尊重每个幼儿的想法和创造，肯定和接纳他们独特的审美感受和表现方式，分享他们创造的快乐 4. 在支持、鼓励幼儿积极参加各种艺术活动并大胆表现的同时，帮助他们提高表现的技能和能力 5. 指导幼儿利用身边的物品或废旧材料制作玩具、手工艺品等来美化自己的生活或开展其他活动 6. 为幼儿创设展示自己作品的条件，引导幼儿相互交流、相互欣赏、共同提高

二、幼儿教师的学历和专业

根据《中华人民共和国教师法》第十一条规定："取得幼儿园教师资格，应当具备幼儿师范学校毕业及其以上学历。"许多学者对各省市幼儿音乐教育现状进行了调查研究，研究结果显示，幼儿园教师的学历多集中于本科、大专学历，他们的专业主要有音乐专业、幼教专业、非音乐非幼教专业等。专业不同的教师音乐素质和教学水平也各不相同。幼儿园教师既要熟练掌握学前教育学、心理学、学前教育活动设计等知识能力，又要储备充足的音乐专业知识，熟练掌握 1～2 项音乐技能，具有较强的理论素质和教学实践素质。

三、音乐教育内容与方法

研究者根据许卓娅 [1] 教授的相关研究，将我国幼儿音乐教育内容以音乐实践类型的角度划分为歌唱活动、韵律活动、音乐欣赏活动、打击

---

① 许卓娅 . 学前儿童艺术教育 [M] 上海：华东师范大学出版社，2015：35-39，84-90，117-123，138-143，154-155.

乐器演奏活动等。

幼儿园的歌唱活动泛指所有运用嗓音进行的艺术表现活动。因此，除了通常意义上的学习演唱同时带有曲调和歌词的歌曲以外，还应该包括自由哼唱、念念有词、有节奏地说，说、唱动作表演各种方式的结合。歌唱活动的教学内容有成人为儿童创作的歌曲、童谣和儿童自己创作或即兴发挥的歌谣、节奏朗诵等歌唱材料，以及独唱、齐唱、接唱、对唱、轮唱、合唱等表演形式。这类活动发展的标准主要体现在两个方面：一是合理使用嗓音，用不容易伤害自己发声器官而又能获得良好音色的方式歌唱；二是能够用歌唱的方式自娱自乐和合理地表达自己的感情。

幼儿园的韵律活动泛指所有伴随音乐进行的身体艺术表现活动。这种活动主要可以分为创造性律动和集体舞蹈两种类型。韵律活动的教学内容有韵律动作及其组合，以及独舞、双人舞、群舞等表演形式，其发展的标准主要体现在以下四个方面：第一，身体各部分之间以及身体与头脑之间能够保持基本的协调性；第二，身体运动时能够与音乐保持基本的协调性；第三，身体运动时能够与他人保持基本的协调性；第四，身体运动时能够与周边环境中的物体以及空间保持基本的协调性。

幼儿园的打击乐器演奏活动泛指所有通过简单打击乐器进行的艺术表现活动。这种活动可以具体分为设计性的演奏和即兴性的演奏。打击乐器演奏活动的教学内容包括打击乐曲、乐器、配器与指挥等。其中，幼儿园使用的"打击乐曲"一般分为两类：一类是伴随歌曲或器乐曲进行的打击乐演奏乐曲；另一类是纯粹由打击乐器或替代性的打击乐器来演奏的打击乐曲。幼儿可以接触到的打击乐器主要有大鼓、铃鼓、串铃、碰铃、三角铁、钹、锣、木鱼、双响筒、圆弧响板、蛙鸣筒、沙球等。"配器"主要是指由教师引导、组织儿童用集体讨论的方式，选择适当的节奏型以及合适的乐器，为儿童熟悉的歌曲或乐曲设计伴奏的一种活动形式。"配器"的发展标准主要体现在个人的演奏能够与乐器、音乐以及他人的演奏保持基本的协调性，对使用乐器进行表达有自己独特的看法，即称为幼儿乐器演奏的艺术表现力，其内容包括是否舒适有效地演奏，有表现力地演奏及准确流畅地演奏。

幼儿园音乐欣赏活动，可使学前儿童接触更多的优秀音乐作品，开阔他们的音乐眼界，丰富他们的音乐经验，培养他们对音乐的喜爱之情，并使他们初步发展起感知、理解、欣赏音乐作品的能力。音乐欣赏活动的材料包括音乐作品和音乐欣赏的辅助材料。为幼儿的音乐欣赏活动选择音乐作品时，既要考虑每一首作品是否符合教育的要求；又要考虑所有作品在总体上是否符合教育的要求，即作品的内容、形式、风格是否丰富多样，比例结构是否合理；还要考虑幼儿感知、理解音乐的实际水平。在音乐欣赏活动中使用辅助材料，其目的是帮助幼儿更好地感受和理解音乐作品。音乐欣赏的辅助材料一般有动作材料、语言材料和视觉材料三种。动作材料主要是指通过跟随音乐做动作的方式参与音乐，是幼儿感知、理解和表现音乐最自然、最重要的途径之一。语言材料在这里特指含有艺术形象的有声文学材料，如故事、散文、诗歌、民谣等。视觉材料要求形象具体，既可在时空中静止（如图画、雕塑等），又可在时空中流动（如录像、可活动的教具操作等）。

幼儿园音乐活动的教学方法通常有语言指导法、范例法和角色变化法等。其中，语言指导法包括讲解、提问、反馈、提示和指示，以及激发和激励等。范例法包括示范法、演示法等。角色变化法指的是教师运用"参与"和"退出"两种方法指导儿童的学习。

四、教材

中国教育部并未指定或推荐任何幼儿园教材，因此幼儿园音乐教材的选择与使用呈现出多样化的局面。例如，上海于2009年根据《上海市学前教育指南》编制了《学前教育教师参考用书》，规定学前教育课程内容的80%必须取自该教材，其余20%自主安排。广州以幼儿园自编教材为主，幼儿园自定教材和教师自选教材较少。[①] 江苏省也未对学前教育的教材进行统一化管理，各幼儿园教材的自主选择性很大。[②]

第二节　河南省幼儿园音乐教育现状

笔者对河南省五个地区（郑州、开封、洛阳、平顶山、许昌）的幼儿园教师进行了幼儿园音乐教育现状的调查研究，研究方法为调查问卷法。调查人数总计 522 人，调查方式采用网络调查问卷工具——"问卷星"，调查时间为 2019 年 10 月 17 日至 2019 年 12 月 3 日。

本调查问卷是笔者参照 2012 年东北师范大学王丽新的博士论文调查问卷《奥尔夫音乐教学法本土化研究的教师调查表》和 2015 年云南大学翟姣的硕士论文调查问卷《关于奥尔夫音乐教学法在中国幼儿音乐教育中的应用调查（教师篇）》设计、编制而成。问卷共设计了 27 个问题，分为三部分。其中，第一部分（第 1 ～ 5 题）是关于幼儿园教师的基本情况调查，第二部分（第 6 ～ 13 题）是关于幼儿园音乐活动开展现状的调查，第三部分（第 14 ～ 27 题）是关于奥尔夫教学法在幼儿园运用情况的调查。

一、调查结果

第一部分：幼儿园教师的基本情况

第 1 题　幼儿园所在地区

调查结果如表 4-2 所示。

---

① 孙文云，蔡黎曼. 广州市幼儿园音乐教育现状及其对策研究 [J]. 广东技术师范学院学报，2013，34（2）：115-120.

② 陈玉洁. 南京市学前音乐教育改革现状调查与研究：以三所幼儿园为个案 [D]. 南京：南京艺术学院，2014.

表 4-2 教师所在幼儿园地区

选项	小计/人	比例/%	
城市	306		58.62
乡镇	84		16.09
县	71		13.60
农村	61		11.69
本题有效填写人数	522		

从表 4-2 可知，参与调查的 522 名河南幼儿园教师中，来自城市的教师最多，共 306 名，占总调查人数的 58.62%；其次是乡镇，有 84 名，占总调查人数的 16.09%；再次是县，有 71 名，占总调查人数的 13.6%；来自农村的教师是参与本次调查人数最少的，有 61 名，占总调查人数的 11.69%。

第 2 题　最终学历

调查结果如表 4-3 所示。

表 4-3 教师最终学历

选项	小计/人	比例/%	
大专	244		46.74
本科	155		29.69
高中、中专	111		21.26
初中及以下	10		1.92
硕士及以上	2		0.38
本题有效填写人数	522		

从表 4-3 可知，参与调查的 522 名河南省幼儿园教师的最终学历情况，大专学历的教师最多，共 244 名，占总调查人数的 46.74%；其次是本科，有 155 名，占总调查人数的 29.69%；再次是高中、中专，有 111 名，占总调查人数的 21.26%；初中及以下的教师有 10 名，占1.92%；硕士及以上的教师人数最少，仅有 2 名，占 0.38%。

第 3 题　所学专业

调查结果如表 4-4 所示。

表 4-4　教师所学专业

选项	小计 / 人	比例 /%	
师范类（学前教育或小学教育）	387		74.14
非师范、非音乐学	67		12.84
音乐学（师范类）	32		6.13
师范类（非学前、小教、音乐学）	24		4.60
音乐学（非师范类）	12		2.30
本题有效填写人数	522		

　　中国高等教育阶段（本科、大专）和中等教育阶段（中专）的音乐学专业分为师范和非师范两种类别。音乐学师范类专业的学生在校期间除了学习系统的音乐学专业课程外，还要学习师范类专业课程，即教师教育专业课程。音乐学非师范专业的学生除了学习系统的音乐学专业课程外，不再学习师范类专业课程。师范类专业指与中小学教育相关的科目的专业，如中文、数学、物理、化学、政治、地理、体育、音乐、学前教育、小学教育、教育学、心理学等。其中，学前教育和小学教育专业需要接受音乐专业基础学习，而非师范、非音乐学专业则没有开设音乐类课程。

　　在所有参与调查的 522 名教师的专业中，学前教育或小学教育专业的教师最多，共 387 人，位居第一，占总调查人数的 74.14%；位居第二的是非师范专业同时非音乐学专业，共 67 人，占总调查人数的 12.84%；位居第三的是师范类音乐学专业（即音乐教育专业），共 32 人，占总调查人数的 6.13%；位居第四的是师范类专业非学前、小教、音乐学专业（音乐教育），有 24 人，占总调查人数的 4.60%；位居第五的是音乐学（非师范类专业），有 12 人，占总调查人数的 2.30%。

　　第 4 题　接受系统音乐教育的时间

调查结果如表4-5所示。

表4-5 教师接受系统音乐教育的时间

选项	小计 / 人	比例 /%	
3年	168		32.18
1年以内	165		31.61
从未接受过	110		21.07
4年以上	66		12.64
4年	13		2.49
本题有效填写人数	522		

因个人兴趣爱好，接受系统音乐教育的时间长度不等。因学校教育接受4年系统音乐教育的专业包括本科音乐学专业、本科师范类（学前教育、小学教育）专业，接受3年系统音乐教育的专业包括中专学校的音乐学专业和师范类（学前教育、小学教育）专业。

从表4-5可知，参与调查的522名河南省幼儿园教师，接受系统音乐教育的时间为3年的人数最多，共168人，占总调查人数的32.18%，位列第一；位列第二的是1年以内，共165人，占总调查人数的31.61%；从未接受过系统音乐教育的幼儿园教师共有110人，占总调查人数的21.07%，位列第三；位列第四的是4年以上，共66人，占总调查人数的12.64%；位列第五的是4年，共13人，占总调查人数的2.49%。

第5题　音乐特长（多项选择题）

调查结果如表4-6所示。

表4-6 教师音乐特长

选项	小计 / 人	比例 /%	
舞蹈	195		37.36
无	165		31.61
声乐	141		27.01
器乐	111		21.26
本题有效填写人数	522		

从表 4-6 可知，参与调查的 522 名河南省幼儿园教师，有舞蹈特长的教师最多，共 195 人，占总调查人数的 37.36%；其次是没有任何音乐特长的教师，共 165 人，占总调查人数的 31.61%；再次是有声乐特长的教师，共有 141 人，占总调查人数的 27.01%；最后是有器乐特长的教师，共有 111 人，占总调查人数的 21.26%。

第二部分：幼儿园音乐活动开展现状

第 6 题　幼儿园对音乐教学活动的重视程度

调查结果如表 4-7 所示。

表 4-7　教师所在幼儿园对音乐教学活动的重视程度

选项	小计 / 人	比例 /%
比较重视	198	37.93
非常重视	195	37.36
一般重视	125	23.95
不重视	4	0.77
本题有效填写人数	522	

从表 4-7 可知，参与调查的 522 名河南省幼儿园教师，有 198 名教师所在幼儿园对音乐教学活动比较重视，占总调查人数的 37.93%；有 195 名教师所在幼儿园对音乐教学活动非常重视，占总调查人数的 37.36%；有 125 名教师所在幼儿园对音乐教学活动的重视程度一般，占总调查人数的 23.95%；只有 4 名教师所在幼儿园不重视音乐教学活动，占总调查人数的 0.77%。从这个问题的回答来看，参与调查的教师所在的河南省幼儿园，其中大部分是比较重视音乐教学活动的。

第 7 题　音乐活动的开展频率

调查结果如表 4-8 所示。

表 4-8　开展音乐活动的频率

选项	小计 / 人	比例 /%	
一周 1 次	202		38.70
一周 1 ～ 3 次	165		31.61
不经常开展	82		15.71
两周 1 次	45		8.62
一周 5 次及以上	16		3.07
从未开展过	12		2.30
本题有效填写人数	522		

从表 4-8 可知，参与调查的 522 名河南省幼儿园教师，一周组织 1 次音乐活动的人数最多，共有 202 人，占总调查人数的 38.70%，排名第一；一周组织 1 ～ 3 次音乐活动的有 165 人，占总调查人数的 31.61%，排名第二；不经常组织音乐活动的有 82 人，占总调查人数的 15.71%，排名第三；两周组织 1 次音乐活动的有 45 人，占总调查人数的 8.62%，排名第四；一周组织 5 次及以上的有 16 人，占总调查人数的 3.07%，排名第五；从未开展过音乐活动的有 12 人，占总调查人数的 2.30%。由此可见，参与调查的多数河南省幼儿园教师开展音乐活动的频率在一周 3 次以内。

第 8 题　音乐活动类型（多项选择题）

调查结果如表 4-9 所示。

表 4-9　开展音乐活动的类型

选项	小计 / 人	比例 /%	
歌唱活动	339		66.47
韵律活动	309		60.59
综合音乐活动	228		44.71
欣赏活动	194		38.04
奏乐活动	108		21.18
本题有效填写人数	510		

由于参与调查的 522 名河南省幼儿园教师中有 12 人从未开展过音

乐活动，因此，笔者在编制问卷时，特意设计了跳题逻辑，问卷从第 8 题开始可以自动剔除掉这 12 名教师，对组织过音乐活动的 510 名教师继续进行幼儿园音乐活动开展现状的调查，此时有效调查人数为 510。

中国幼儿园的音乐教学活动根据教学内容的不同可以分为歌唱活动、韵律活动、奏乐活动和欣赏活动。问题中的"综合音乐活动"是指活动中至少包括歌唱、韵律、奏乐、欣赏中的两种内容类型，或者是音乐戏剧活动。从表 4-9 中可知，幼儿园教师在开展音乐活动时，选择歌唱活动的人数最多，共有 339 人，占有效调查人数的 66.47%，位居首位；位居第二的是韵律活动，共 309 人选择，占有效调查人数的 60.59%；位居第三的是综合音乐活动，共 228 人选择，占有效调查人数的 44.71%；位居第四的是欣赏活动，共 194 人选择，占有效调查人数的 38.04%；选择奏乐活动的人数最少，共 108 人，占有效调查人数的 21.18%，位居最后。

第 9 题　音乐活动的内容来源（多项选择题）

调查结果如表 4-10 所示。

表 4-10　音乐活动的内容来源

选项	小计 / 人	比例 /%
幼儿园的推荐教材	455	89.22
书籍、网络资源等	205	40.20
引用他人创编	103	20.20
自己原创	49	9.61
本题有效填写人数	510	

从表 4-10 可知，510 名参与调查的河南省幼儿园教师在寻找音乐活动的内容时，选择幼儿园教材的人数最多，共有 455 人，占有效调查人数的 89.22%；其次，从书籍、网络资源等中寻找活动内容的有 205 人，占有效调查人数的 40.20%；再次，引用他人创编的有 103 人，占有效调查人数的 20.20%；最后，选择自己原创的人数最少，仅有 49 人，

占有效调查人数的 9.61%。

第 10 题　运用的音乐教学方法（多项选择题）

调查结果如表 4-11 所示。

表 4-11　开展音乐活动时运用的教学方法

选项	小计 / 人	比例 /%
游戏化的音乐教学方法	332	65.10
奥尔夫教学法	221	43.33
没有特定的教学方法	112	21.96
其他	58	11.37
达尔克罗兹教学法	15	2.94
柯达伊教学法	9	1.76
本题有效填写人数	510	

从表 4-11 可知，510 名参与调查的河南省幼儿园教师在进行音乐活动教学时，选择游戏化的音乐教学方法的人数最多，共有 332 人，占有效调查人数的 65.1%；选择奥尔夫教学法的共有 221 人，占有效调查人数的 43.33%，位列第二；没有特定教学方法的共 112 人，占有效调查人数的 21.96%，位列第三；选择其他，即没有使用选项中所提供的教学方法的，共有 58 人，位列第四；选择达尔克罗兹教学法的共 15 人，占有效调查人数的 2.94%，位列第五；选择柯达伊教学法的人数最少，仅有 9 人，占有效调查人数的 1.76%。

《纲要》和《指南》都明确提出幼儿园的教育以游戏为基本活动，寓教育于各项活动之中。所以，幼儿教师对于游戏与教学内容的结合是关注和认可的，基本上形成了游戏化的音乐教学意识。同时，也表明了奥尔夫教学法在幼儿园教师之中有较好的群众基础，相对于其他几种教学方法的使用率较高。

第 11 题　幼儿音乐能力中有待提高的部分（多项选择题）

调查结果如表 4-12 所示。

表4-12 幼儿音乐能力中有待提高的部分

选项	小计 / 人	比例 /%	
节奏	241		47.25
音乐欣赏	216		42.35
分辨音的强弱、快慢、高低	139		27.25
音乐表现	133		26.08
分辨乐句	103		20.20
无	26		5.1
本题有效填写人数	510		

通过在日常音乐教学活动中与幼儿的交流、互动，幼儿园教师对幼儿的表现与反馈有着长期的观察经验积累，可以说是评价本班级幼儿音乐能力水平最有发言权的人。因此，通过教师对幼儿音乐能力的分析与判断，可以大致地了解到幼儿音乐能力的发展水平如何，如有待提高的能力有哪些部分。表4-12中所列出的幼儿音乐能力的五个维度来自中国学前音乐学者汪爱丽教授的幼儿音乐能力测验。

从表4-12中可知，参与调查的510名河南省幼儿园教师，关于幼儿音乐能力中有待提高的部分，选择"节奏"的人数最多，共241人，占有效调查人数的47.25%，排名第一；选择"音乐欣赏"的共216人，占有效调查人数的42.35%，排名第二；选择"分辨音的强弱、快慢、高低"的共139人，占有效调查人数的27.25%，排名第三；选择"音乐表现"的共133人，占有效调查人数的26.08%，排名第四；选择"分辨乐句"的共103人，占有效调查人数的20.2%，排名第五；选择"无"的人数最少，仅有26人，占有效调查人数的5.1%。

第12题 幼儿园教师自身音乐教学能力中有待提高的部分（多项选择题）

调查结果如表4-13所示。

表4-13　幼儿园教师自身音乐教学能力中有待提高的部分

选项	小计/人	比例/%
音乐教育理论	223	43.73
声乐、器乐、舞蹈等技能	209	40.98
幼儿园音乐活动的设计与组织能力	186	36.47
基本乐理知识	136	26.67
本题有效填写人数	510	

从表4-13可知，510名参与调查的河南省幼儿园教师，关于自身音乐教学能力中有待提高的部分，选择人数最多的是"音乐教育理论"，共有223人，占有效调查人数的43.73%；其次是"声乐、器乐、舞蹈等技能"，共209人选择，占有效调查人数的40.98%；再次是"幼儿园音乐活动的设计与组织能力"，有186人选择，占有效调查人数的36.47%；最后是"基本乐理知识"，共136人选择，占有效调查人数的26.67。

第13题　所在幼儿园班级的乐器种类（多项选择题）

调查结果如表4-14所示。

表4-14　幼儿园班级的乐器种类

选项	小计/人	比例/%
钢琴或电子琴	419	82.16
沙锤	197	38.63
碰铃	189	37.06
响板	186	36.47
三角铁	184	36.08
鼓	179	35.10
串铃	162	31.76
双响筒	158	30.98
木鱼	120	23.53
铃鼓	118	23.14
钹	103	20.20
锣	64	12.55

选项	小计 / 人	比例 /%
蛙鸣筒	58	11.37
木琴	52	10.20
钢片琴	43	8.43
没有乐器	29	5.69
本题有效填写人数	510	

　　教育部制定的《幼儿园玩教具配备目录》里，音乐类玩教具包括钢琴（或木琴，任选一种）、鼓、锣、钹、木鱼、三角铁、碰铃、沙锤、蛙鸣筒、双响筒、串铃、响板、铃鼓。各地区可根据自己的经济条件，因地制宜，量力而行。提倡幼儿园在此基础上就地取材，利用各种无毒、安全卫生的自然物和废旧材料自制玩教具。

　　从表4-14可知，参与调查的510名河南省幼儿园教师的所在班级里，关于乐器的配备情况，选择钢琴或电子琴的人数最多，共419人，占有效调查人数的82.16%；位居第二的是沙锤，有197人选择，占有效调查人数的38.63%；第三是碰铃，189人选择，占有效调查人数的37.06%；位居第四、第五的是响板和三角铁，分别有186人、184人选择，占有效调查人数的36.47%、36.08%；第六是鼓，179人选择，占有效调查人数的35.10%；第七是串铃，选择人数是162，占有效调查人数的31.76%；第八是双响筒，选择人数是158，占有效调查人数的30.98%；第九是木鱼，120人选择，占有效调查人数的23.53%；第十是铃鼓，118人选择，占有效调查人数的23.14%；位居第十一、十二的是钹、锣，分别有103人、64人选择，占有效调查人数的20.20%、12.55%。木琴和钢片琴是选择人数较少的两种乐器，分别有52人和43人选择，占有效调查人数的10.20%和8.43%；班级教室中没有任何乐器的情况也是存在的，仅有29位教师选择，占有效调查人数的5.69%。

　　从调查结果可以了解到，钢琴是大部分参与调查的河南省幼儿园配备的乐器，小型打击乐器也比较普遍，其中的钹和锣是中国民族乐器，不太常见的是音条类乐器。

第三部分：奥尔夫教学法在幼儿园运用现状

第 14 题　所在幼儿园教师运用奥尔夫教学法的频率

调查结果如表 4-15 所示。

表 4-15　教师运用奥尔夫教学法的频率

选项	小计 / 人	比例 /%
偶尔有教师运用	237	46.47
经常有教师运用	137	26.86
不了解	103	20.20
完全没有教师运用	33	6.47
本题有效填写人数	510	

从表 4-15 可知，参与调查的 510 名河南省幼儿园教师，认为所在幼儿园偶尔有教师运用奥尔夫教学法的人数最多，共 237 人，占有效调查人数的 46.67%；认为经常有教师运用奥尔夫教学法的有 137 人，位居第二，占有效调查人数的 26.86%；对于所在幼儿园教师运用奥尔夫教学法的频率不了解的有 103 人，位居第三，占有效调查人数的 20.20%；认为完全没有教师运用该教学法的人数最少，共 33 人，占有效调查人数的 6.47%。

第 15 题　对于奥尔夫教学法的了解程度

调查结果如表 4-16 所示。

表 4-16　教师对奥尔夫教学法的了解程度

选项	小计 / 人	比例 /%
一般了解	253	49.61
不太了解	114	22.35
比较了解	75	14.71
完全不了解	54	10.59
完全了解	14	2.75
本题有效填写人数	510	

从表 4-16 可知，参与调查的 510 名河南省幼儿园教师，对奥尔夫教学法的了解程度是："一般了解"的共有 253 人，排名第一，占有效调查人数的 49.61%；排名第二的是"不太了解"，有 114 人，占有效调查人数的 22.35%；排名第三的是"比较了解"，有 75 人，占有效调查人数的 14.71%；排名第四的是"完全不了解"，有 54 人，占有效调查人数的 10.59%；选择人数最少的是"完全了解"，有 14 人，占有效调查人数的 2.75%。

第 16 题　学习奥尔夫教学法的途径（多项选择题）

调查结果如表 4-17 所示。

表 4-17　教师学习奥尔夫教学法的途径

选项	小计 / 人	比例 /%
单位组织的职后教育	259	56.80
查找书籍、网络资源以及观摩他人课例等	178	39.04
毕业之前的学校课程学习	85	18.64
个人参加的社会教育	49	10.75
本题有效填写人数	456	

截至第 15 题的有效调查总人数是 510 人，这其中有 54 人对奥尔夫教学法是完全不了解的。因此，笔者在第 15 题设计了跳题逻辑，问卷从第 16 题开始自动剔除掉这 54 位教师，此时的有效调查对象是开展过音乐教学活动并了解奥尔夫教学法的教师，人数为 456 人。

从表 4-17 可知，关于参与调查的 456 名河南省幼儿园教师的学习奥尔夫教学法的途径，选择"单位组织的职后教育"的人数最多，共有 259 人，位居首位，占有效调查人数的 56.80%；选择"查找书籍、网络资源以及观摩他人课例等"的共有 178 人，位居第二，占有效调查人数的 39.04%；选择"毕业之前的学校课程学习"的有 85 人，位居第三，占有效调查人数的 18.64%；选择"个人参加的社会教育"的有 49 人，位居第四，占有效调查人数的 10.75%。由此可知，参与调查的教师有一半以上是工作以后才开始学习奥尔夫教学法的。

第 17 题　对于奥尔夫教学法的理解（多项选择题）

调查结果如表 4-18 所示。

表 4-18　教师对奥尔夫教学法的理解

选项	小计 / 人	比例 /%
以游戏的方式组织音乐活动	307	67.32
一种音乐教学方法	221	48.46
一种综合音乐活动	169	37.06
运用乐器演奏	155	33.99
运用动作	74	16.23
从语言朗诵入手	31	6.8
本题有效填写人数	456	

从表 4-18 可知，参与调查的 456 名河南省幼儿园教师，对于奥尔夫教学法的理解，认为它是以游戏的方式组织音乐活动的有 307 人，占有效调查人数的 67.32%，排名第一；认为它是一种音乐教学方法的有 221 人，占有效调查人数的 48.46%，排名第二；认为它是一种综合性音乐活动的有 169 人，占有效调查人数的 37.06%，排名第三；选择运用乐器演奏的共 155 人，占有效调查人数的 33.99%，排名第四；选择运用动作的有 74 人，占有效调查人数的 16.23%，排名第五；排名第六的是从语言朗诵入手，选择人数最少，仅 31 人，占有效调查人数的 6.80%。

通过调查结果可以了解到，参与调查的河南省幼儿园教师对奥尔夫教学法的游戏式教学方式的认同度比较高，关于语言、歌唱、动作、乐器演奏等教学媒介，教师似乎对乐器演奏更为熟悉，而动作和语言朗诵则有被忽视的迹象。

第 18 题　运用奥尔夫教学法的频率

调查结果如表 4-19 所示。

表 4-19 奥尔夫教学法的运用频率

选项	小计/人	比例/%
一个学期 1～3 次	184	40.35
从未用过	155	33.99
一个学期 5 次以上	61	13.38
一个学期 4～5 次	56	12.28
本题有效填写人数	456	

从表 4-19 可知，参与调查的 456 名河南省幼儿园教师，运用奥尔夫教学法的频率为一个学期 1～3 次的人数最多，共 184 人，占有效调查人数的 40.35%；从未用过奥尔夫教学法的有 155 人，占有效调查人数的 33.99%，排名第二；一个学期使用 5 次以上的有 61 人，占有效调查人数的 13.38%，排名第三；一个学期使用 4～5 次的有 56 人，占有效调查人数的 12.28%，排名第四。从调查结果来看，456 位幼儿园教师中有 155 位从未用过奥尔夫教学法，其余教师运用该教学法的频率也并不高。

第 19 题 您运用奥尔夫教学法时所使用的乐器是？（多项选择题）调查结果如表 4-20 所示。

表 4-20 教师运用奥尔夫教学法时使用的乐器

选项	小计/人	比例/%
人体乐器（拍手、跺脚、拍腿、捻指等身体动作）	230	76.41
奥尔夫乐器（木质类、金属类、鼓类、音条类等乐器）	169	56.15
其他乐器	45	14.95
不使用乐器	10	3.32
本题有效填写人数	301	

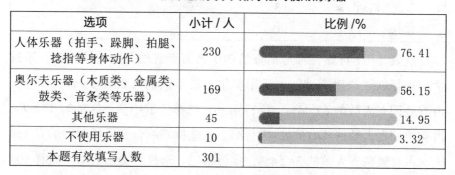

截止至第 18 题的有效调查人数是 456，其中有 155 人仅了解却从未使用过奥尔夫教学法。因此，笔者在此也设计了跳题逻辑，问卷从第 19 题开始自动剔除掉这 155 人，此时的有效调查对象变为使用过奥尔夫教学法开展音乐教学活动的教师，共 301 人。

从表 4-20 可知，参与调查的 301 名河南省幼儿园教师，在运用奥尔夫教学法时的乐器使用方面，选择人体乐器（拍手、跺脚、拍腿、捻指等身体动作）的人数最多，有 230 人，位列第一，占此时有效调查人数的 76.41%；其次是奥尔夫乐器（木质类、金属类、鼓类、音条类等乐器），共 169 人，占有效调查人数的 56.15%，位列第二；再次是其他乐器，也就是除了人体乐器和奥尔夫乐器外的乐器，有 45 人选择，占有效调查人数的 14.95%，位列第三；不使用乐器的人数最少，只有 10人，占有效调查人数的 3.32%，位列第四。

第 20 题　运用奥尔夫教学法的音乐活动类型（多项选择题）

调查结果如表 4-21 所示。

表 4-21　运用奥尔夫教学法的音乐活动类型

选项	小计 / 人	比例 /%
韵律活动	203	67.44
歌唱活动	142	47.18
综合音乐活动	116	38.54
奏乐活动	106	35.22
欣赏活动	68	22.59
本题有效填写人数	301	

从表 4-21 可知，参与调查的 301 名河南省幼儿园教师，在音乐教学中选择在"韵律活动"中运用奥尔夫教学法的人数最多，共 203 人，占有效调查人数的 67.44%，排行第一；选择"歌唱活动"的有 142 人，占有效调查人数的 47.18%，排行第二；选择"综合音乐活动"的有 116人，占有效调查人数的 38.54%，排行第三；选择"奏乐活动"的有 106人，占有效调查人数的 35.22%，排行第四；选择"欣赏活动"的有 68人，占有效调查人数的 22.59%，排行第五。

第 21 题　运用奥尔夫教学法开展音乐活动的教学效果

调查结果如表 4-22 所示。

表4-22 运用奥尔夫教学法开展音乐活动的教学效果

选项	小计 / 人	比例 /%	
比较好	141		46.84
非常好	94		31.23
一般	61		20.27
不太好	5		1.66
非常不好	0		0
本题有效填写人数	301		

从表4-22可知，参与调查的301名河南省幼儿园教师运用奥尔夫教学法时，认为教学效果比较好的人数最多，共41人，位居第一，占有效调查人数的46.84%；认为效果非常好的有94人，占有效调查人数的31.23%，位居第二；认为效果一般的有61人，占有效调查人数的20.27%，位居第三；认为效果不太好的只有5人，占有效调查人数的1.66%，位居第四；认为效果非常不好的人数为0，居于末位。通过调查结果可知，运用过奥尔夫教学法的多数幼儿园教师是认可它的教学效果的。

第22题 运用奥尔夫教学法开展音乐活动的内容来源（多项选择题）调查结果如表4-23所示。

表4-23 运用奥尔夫教学法开展音乐活动的内容来源

选项	小计 / 人	比例 /%	
幼儿园推荐的教材	166		55.15
奥尔夫教学法的相关教材	156		51.83
书籍、网络资源等	91		30.23
引用他人创编	67		22.26
自己原创	18		5.98
本题有效填写人数	301		

从表4-23可知，关于参与调查的301名河南省幼儿园教师在运用奥尔夫教学法时的教学内容，选自幼儿园推荐教材的人数最多，共166

人，位列第一，占有效调查人数的 55.15%；选自奥尔夫教学法的相关教材的有 156 人，占有效调查人数的 51.83%，位列第二；选自书籍、网络资源的有 91 人，占有效调查人数的 30.23%，位列第三；位列第四的是引用他人的创编，共 67 人，占有效调查人数的 22.26%；位列第五的是自己原创，仅 18 人，占有效调查人数的 5.98%，位居最后。通过调查结果可以了解到，参与调查的河南省幼儿园教师在运用奥尔夫教学法进行音乐教学的时候，活动内容常常选自现有资源，自身的原创性较弱。

第 23 题　使用或将要使用奥尔夫教学法过程中遇到的问题（多项选择题）

调查结果如表 4-24 所示。

表 4-24　使用或将要使用奥尔夫教学法过程中遇到的问题

选项	小计 / 人	比例 /%
缺乏有效的奥尔夫音乐教学指导	248	54.39
教师自身音乐素养欠缺	176	38.60
缺少教学素材	144	31.58
缺少乐器	115	25.22
缺乏良好的学校环境和设备条件	89	19.52
其他	60	13.16
教学效果不明显	54	11.84
本题有效填写人数	456	

因笔者在第 18 题设计了跳题逻辑，凡是了解奥尔夫教学法却从未使用过的教师会自动跳至第 23 题继续作答。所以，从本题目开始，调查对象的人数重新变为 456 人，是开展过音乐教学活动并了解奥尔夫教学法的教师。从表 4-24 可知，参与调查的 456 名河南省幼儿园教师，在运用奥尔夫教学法或是想用却最终没有运用的时候，关于其中遇到的种种困扰与问题，选择"缺乏有效的奥尔夫音乐教学指导"的人数最多，共 248 人，占此时有效调查人数的 54.39%，排名第一；选择"教

师自身音乐素养欠缺"的有 176 人，占有效调查人数的 38.60%，排名第二；选择"缺少教学素材"的有 144 人，占有效调查人数的 31.58%，排名第三；选择"缺少乐器"的有 115 人，占有效调查人数的 25.22%，排名第四；选择"缺乏良好的学校环境和设备条件"的有 89 人，占有效调查人数的 19.52%，排名第五；选择"其他"的有 60 人，占有效调查人数的 13.16%，排名第六；选择"教学效果不明显"的有 54 人，占有效调查人数的 11.84%，排名第七。从以上调查结果可以了解到，一半以上的教师希望得到有效的奥尔夫音乐教学指导。

第 24 题 奥尔夫教学法的不足之处（填空）

答案一般是"没有不足"或者是答非所问（答案多为在运用过程中遇到的问题），个别教师提到"器材昂贵""培训费用昂贵""不适合大面积集体教学""对孩子的乐理知识要求高""对于县城有难度"。

第 25 题 在音乐教学活动中运用奥尔夫教学法的态度

调查结果如表 4-25 所示。

表 4-25 在音乐教学活动中运用奥尔夫教学法的态度

选项	小计 / 人	比例 /%
完全赞同，能够明显提高音乐活动的教学效果，孩子们的参与性很高	221	48.46
比较赞同，对音乐活动的有效开展和孩子们参与性的提高有帮助作用	170	37.28
一般，只要是好的方法都可以运用，不一定是奥尔夫教学法	64	14.04
完全不赞同，由于是国外的教学方法，所以它不适用于我国的幼儿音乐教育	1	0.22
不太赞同，奥尔夫教学法并没有什么优势	0	0
本题有效填写人数	456	

从表 4-25 可知, 参与调查的 456 名河南省幼儿园教师, 关于在幼儿园音乐教学活动中运用奥尔夫教学法的态度, 持完全赞同态度的人数最多, 认为它能够明显提高音乐活动的教学效果, 孩子们的参与性很高, 共 221 人, 位居第一, 占有效调查人数的 48.46%; 持比较赞同态度的有 170 人, 认为它能够帮助音乐活动有效开展, 提高孩子们的参与性, 占有效调查人数的 37.28%, 位居第二; 持一般赞同态度的有 64 人, 认为只要是好的方法都可以运用, 不一定是奥尔夫教学法, 占有效调查人数的 14.04%, 位居第三; 持完全不赞同态度的仅有 1 人, 认为由于是国外的教学方法, 所以它不适用于我国的幼儿音乐教育, 占有效调查人数的 0.22%; 持不太赞同态度, 认为奥尔夫教学法并没有什么优势的人数为 0。

第 26 题 对设计和运用奥尔夫教学法本土化教学指导方案的态度调查结果如表 4-26 所示。

表 4-26 对设计和运用奥尔夫教学法本土化教学指导方案的态度

选项	小计 / 人	比例 /%
完全赞同, 应当结合我国学前音乐教育理论和本土资源进行探索、实践, 使之成为适合中国幼儿的音乐教育方法	235	51.54
比较赞同, 奥尔夫教学法源于国外, 音乐文化和教育环境是有差异的, 需要进行本土化运用	175	38.38
一般, 本土化与否对于奥尔夫教学法在幼儿园运用的影响不大	45	9.87
不赞同, 本来就是国外的教学法, 本土化会改变该教学法的本来面貌	1	0.22
完全不赞同, 不需要本土化, 国外优秀的教学法就应该全盘吸收	0	0
本题有效填写人数	456	

从表 4-26 可知，参与调查的 456 名河南省幼儿园教师，对于设计并运用奥尔夫教学法本土化方案的态度方面，完全赞同的共计 235 人，占有效调查人数的 51.54%，排名第一，认为应当结合我国学前音乐教育理论和本土资源进行探索、实践，使之成为适合中国幼儿的音乐教育方法；比较赞同的有 175 人，占有效调查人数的 38.38%，排名第二，认为奥尔夫教学法源于国外，音乐文化和教育环境是有差异的，需要进行本土化运用；一般赞同的有 45 人，占有效调查人数的 9.87%，排名第三，认为本土化与否对于奥尔夫教学法在幼儿园的运用影响不大；不赞同的只有 1 人，占有效调查人数的 0.22%，排名第四，认为本土化方案的设计与实施会影响它的原本面貌；完全不赞同奥尔夫教学法本土化，认为应全盘吸收的人数为 0。可见参与调查的河南省幼儿园教师，除去完全不了解奥尔夫教学法的 54 人，对于奥尔夫教学法在幼儿园进行本土化方案的设计与实施的态度是积极赞同的。

第 27 题　对于其他音乐教学方法的了解（多项选择题）

调查结果如表 4-27 所示。

表 4-27　对于其他音乐教学方法（奥尔夫教学法除外）的了解

选项	小计 / 人	比例 /%
都不了解	348	68.24
达尔克罗兹教学法	75	14.71
铃木教学法	57	11.18
柯达伊教学法	49	9.61
美国综合音感教学法	34	6.67
本题有效填写人数	510	

由于笔者在第 15 题"对于奥尔夫教学法的了解程度"设计了跳题逻辑，那些开展过音乐教学活动，却完全不了解奥尔夫教学法的教师直接跳至第 27 题作答。因此，凡是开展过音乐教学活动的教师成为此时的有效调查对象，共 510 人。

从表 4-27 可知，参与调查的 510 名河南省幼儿园教师，除了奥尔夫教学法外，对世界上其他音乐教学方法如达尔克罗兹教学法、柯达伊教学法、铃木教学法和美国综合音感教学法的了解情况，选择都不了解的有 348 人，占有效调查人数的 68.24%，排名第一；了解达尔克罗兹教学法的有 75 人，占有效调查人数的 14.71%，排名第二；了解铃木教学法的有 57 人，占有效调查人数的 11.18%，排名第三；了解柯达伊教学法的有 49 人，占有效调查人数的 9.61%，排名第四；了解美国综合音感教学法的有 34 人，占有效调查人数的 6.67%，排名第五。

回顾第 15 题的调查结果可知，开展过音乐教学活动的 510 名河南省幼儿教师中有 456 人了解奥尔夫教学法，占有效调查人数的 89.41%，相比其他四种教学法而言有绝对优势，这说明在目前有国际影响力的音乐教学法之中，教师对奥尔夫教学法的了解程度较高，也较为关注。

二、河南省幼儿园音乐教育现状分析

根据《河南省幼儿园音乐教育现状的调查》结果，可总结归纳出以下几点。

第一，参与调查的 522 名河南省幼儿园教师的基本情况。过半数教师（58.62%）所在幼儿园地处城市，其余教师（41.38%）所在幼儿园地处县、乡和村。他们中的大多数（76.43%）都接受过高等教育（本科和大专），最终学历以大专（46.74%）居多，其次是本科（29.69%），高中、中专（21.26%），硕士及以上和初中及以下的分别仅有个位数。他们所学专业以师范类（学前教育或小学教育）专业为主（74.14%），其中有 47.31% 的教师接受过 3 年及以上的系统音乐教育，有 68.39% 的教师至少具备一项音乐特长（舞蹈、声乐、器乐）。

第二，幼儿园音乐活动开展现状。绝大多数的被调查教师（99.23%）认为所在幼儿园对音乐教学活动是重视的。多数教师（70.31%）开展音乐教学活动的频率保持在一周 3 次以内，歌唱活动（66.47%）和韵律活动（60.59%）是他们经常选择的音乐活动类型，而奏乐活动（21.18%）开展的频率并不高。音乐活动的内容主要来自幼儿园的推荐教材（89.22%）。教学方法方面，半数以上的教师（65.10%）会选择游戏化的音乐教学方法，其次是奥尔夫教学法（43.33%），也有部分教师没有使用特定的教学方法（21.96%），而选择同样具有国际影响力的达尔克罗兹教学法（2.94%）和柯达伊教学法（1.76%）的教师比较少。根据被调查教师对幼儿音乐能力中有待提高部分的了解，节奏（47.25%）和音乐欣赏（42.35%）被选择较多，其次是分辨音的强弱、快慢、高低（27.25%）、音乐表现（26.08%）。关于幼儿园教师自身，音乐教育理论（43.74%），声乐、器乐和舞蹈等技能（40.98%）和幼儿园音乐活动的设计与组织能力（36.47%）是幼儿园教师自身音乐教学能力较为欠缺的部分。关于乐器种类，钢琴或电子琴是大部分参与调查的河南省幼儿园配备的乐器，小型打击乐器也比较普遍，其中的钹和锣是中国民族乐器，不太常见的是音条类乐器。

第三，奥尔夫教学法在幼儿园运用现状。开展过音乐教学的绝大多数被调查幼儿园教师了解奥尔夫教学法，认同这是一种以游戏方式组织音乐活动的音乐教学方法。但了解程度并不深入，他们对作为教学媒介的语言（6.80%）、动作（16.23%）似乎并不十分熟悉，而对乐器演奏（33.99%）更为熟知。其中多数教师（81.36%）在毕业之前并没有学习过有关课程，毕业以后才通过工作、自学等途径接触学习奥尔夫教学法。然而，他们运用奥尔夫教学法的频率并不高，不少教师（40.35%）一学期内使用1～3次，4次以上的较少（25.66%），还有相当一部分教师从未使用过（33.99%）。使用过该教学法的教师常将其运用于韵律活动（67.44%）、歌唱活动（47.18%），其次是综合音乐活动（38.54%）、奏乐活动（35.22%）、欣赏活动（22.59%），活动内容常常选自现有资源，自身的原创性较弱。经常使用的乐器是身体打击乐（76.41%）和奥尔夫乐器（56.15%）。大多数教师（78.07%）认可奥尔夫教学法的教学效果。对于开展过音乐教学活动并了解奥尔夫教学法的教师而言，缺乏有效的奥尔夫音乐教学指导（54.39%）、教师自身音乐素养欠缺（38.60%）、缺少教学素材（31.58%）是他们在使用或将要使用该教学法过程中遇到的三个主要问题。并且，他们中的大部分（85.74%）对运用奥尔夫教学法的赞同度较高，认为它对于提高音乐教学活动的教学效果和孩子们的参与性具有比较明显的帮助作用。对于设计和运用奥尔夫教学法本土化方案的赞同度也较高，有教师认为应当结合我国学前音乐教育理论和本土资源进行探索、实践，使之成为适合中国幼儿的音乐教育方法（51.54%）；也有教师认为奥尔夫教学法源于国外，音乐文化和教育环境是有差异的，需要进行本土化运用（38.38%）。在目前有国际影响力的音乐教学方法之中，凡是开展过音乐教学活动的被调查幼儿园教师对奥尔夫教学法的了解程度较高，也较为关注。

三、中国幼儿节奏教育的先行研究考察

中国幼儿园音乐节奏教学的研究起步较晚，基本停留在对国外音乐教学法基本原则的论述、引用、借鉴的水平上，缺少从音乐元素本身进行的关于各地的教学实验的研究。

（一）理论研究

中国幼儿节奏教育研究中的一些重要研究阐述如下。

陈小玲[①] 关于培养音乐节奏感的建议如下：第一，建立均匀的节拍感，她认为节奏感的基础是节拍感，即对节拍的感知能力，能够准确掌握每一拍之间的时间间隔的能力，具有均匀性和连续性的特点，同时，感受节拍的强弱关系，掌握节拍重音；第二，培养稳定的速度感；第三，把握音值组合规律，节奏教学应遵循由浅入深、从简单到复杂、循

---

① 陈小玲.音乐节奏教学研究 [D].兰州：西北师范大学，2011.

序渐进的原则，从基本的音符开始，到随意组合形成新的节奏；第四，发展敏锐的律动感，可以理解为伴随音乐做动作的形式。

许卓娅[1]在《学前儿童音乐教育》一书中提出运用身体动作来培养幼儿的节奏感，身体动作是感知节奏的重要媒介。伴随音乐的身体动作按其难易程度可以分为自由节奏、均匀节奏、节奏型、双层节奏与节奏动作表演等。自由节奏一般适用于小班幼儿；均匀节奏一般适用于小班或中班；节奏型指为歌曲选配的一种有规律的节奏伴奏；双层节奏指两个声部同时进行的节奏；节奏动作表演是指动作一方面要反映歌曲本身的节奏，另一方面要反映歌词内容。

陈燕[2]强调节奏感不是从符号学习中获得的，它必须通过肌肉反应来感知，要依靠整个身体高度协调的动作来感觉节奏。史其威[3]提出在幼儿还不能唱好音准的阶段不可过早地进行旋律训练，而应当根据儿童的心理和生理特点，从他们熟悉的日常生活和事物入手，借助手脚拍打或打击乐玩具进行节奏练习，从游戏中引导和培养他们的节奏感。

吕荦全[4]在谈及儿童音乐节奏训练的方法时认为，儿童节奏能力的培养必须结合多种音乐活动形式，包括说、唱、律动、舞蹈、器乐等，特别是要引导幼儿以亲身参与的形式来感受节奏。教育者要善于利用很多声势练习借儿童熟悉的生活材料进行教学，让儿童积极参与到节奏游戏中。通过趣味性节奏教学，儿童的学习积极性可以得到极大调动，同时可以在潜移默化中获得各种能力和素质的提高。

此外，廖燕瑜[5]从具体的音乐学习内容出发，提出训练幼儿的节奏

① 许卓娅. 学前儿童音乐教育 [M]. 北京：人民教育出版社，1996：250-264.

② 陈燕. 浅谈幼儿音乐节奏感的培养 [J]. 阿坝师范高等专科学校学报，2007（9）：76-77.

③ 史其威. 论节奏在音乐教育中的重要性 [J]. 大舞台，2011（5）：23-30.

④ 吕荦全. 略论儿童音乐节奏训练的意义与方法 [J]. 大舞台，2011（10）：207-208.

⑤ 廖燕瑜. 幼儿是怎样感受音乐节奏的 [J]. 教育导刊，2002（9）：111-112.

感可从辨别乐音的长短、音乐的强弱与快慢及辨别拍子三方面入手。在欣赏音乐活动过程中，为了让幼儿更好地感受节奏、学习节奏，除通过朗读辅助外，还可以鼓励幼儿通过拍手、跺脚、拍肩部、拍腿部、敲打乐器等形式进行。又因节奏是有一定规律的，受到拍子的约束，因此根据幼儿具有具体形象思维的特点，在欣赏活动中，可以借助摆图形来配合对拍子特点的认识。

（二）教学实验研究

下面为三个有代表性的幼儿节奏教育实验研究介绍。

付虹靓和沙莎提出了语言与节奏教育整合的音乐教学方法。付虹靓[①] 在上海市某幼儿园实施教学实验研究发现，将语言与节奏教育整合的教学方法对 5 ~ 6 岁幼儿音乐节奏感发展具有显著促进作用，幼儿能够掌握简单的音乐节奏型，促进幼儿的节奏感应性和节奏记忆。她还提出了教学目标全面、教学内容丰富、创设多种学习情境、教学方法多样的节奏教学建议。

沙莎[②] 在安徽省铜陵市某幼儿园运用整合性音乐教学方法，通过行动研究法，发现幼儿音乐节奏感在音乐节奏认知、情感和技能三个维度多项指标上实现了全面发展。

马楠[③] 设计了适合 5 ~ 6 岁幼儿的主题性音乐节奏感培养的教学方案，在上海市某幼儿园实施，通过行动研究法，探索在幼儿园大班实施音乐节奏感培养的教学实践可行性。

---

① 付虹靓 . 整合性音乐教学与 5 ~ 6 岁幼儿音乐节奏感发展的研究 [D]. 上海：华东师范大学，2008.

② 沙莎 . 大班幼儿音乐节奏感培养的行动研究：基于语言与音乐领域整合的视角 [D]. 重庆：西南大学，2016.

③ 马楠 .5 ~ 6 岁幼儿音乐节奏感培养的实践研究：以上海地区幼儿园大班音乐活动为例 [D]. 上海：华东师范大学，2013.

（三）奥尔夫教学法与幼儿音乐教育

研究者在中国知网（CNKI）以"奥尔夫"为题名检索，共得到有关奥尔夫教学法在幼儿教育方面的硕士学位论文 21 篇，期刊论文 210 篇。从研究方法上划分，这些论文有实证类研究、调查类研究和理论研究三种类别。对其进行归纳总结，关于奥尔夫教学法在中国幼儿音乐教育的研究领域主要涉及以下三个方面。

第一，奥尔夫教学法对幼儿能力培养的研究。这类研究理论研究较多，实证研究偏少。采用实验研究法的有4人，贾晓星[1]、王蕾[2]、翟姣[3]发现奥尔夫教学法对幼儿的音乐能力有促进作用，吴岩[4]发现奥尔夫教学法对幼儿的学习品质的发展有促进作用。

其中关于幼儿节奏能力的研究，郑惠梨和曲宁[5]采用实验的研究方法，发现奥尔夫教学法对幼儿的节奏感有促进作用。林洁怡[6]对奥尔夫教学法中的节奏教学运用于幼儿园音乐活动，提出了教学设想。李亚培[7]在幼儿节奏感培养及其能力发展研究中，运用奥尔夫教学法，设计了将语言、游戏、打击乐器、童话故事、律动活动应用在幼儿节奏教学

---

[1] 贾晓星.奥尔夫音乐教学法与中国学前音乐教育：以一个奥尔夫实验班的个案研究为例 [D].曲阜：曲阜师范大学，2011.

[2] 王蕾.奥尔夫音乐教学法在农村学前儿童音乐教育中的实践性研究：以九江县开心宝贝幼儿园为例 [D].赣州：赣南师范学院，2013.

[3] 翟姣.奥尔夫音乐教学法在中国幼儿音乐教育中的应用探索：以临沧市第一幼儿园为例 [D].昆明：云南大学，2015.

[4] 吴岩.奥尔夫音乐教学法对学前儿童学习品质的影响研究 [D].哈尔滨：哈尔滨师范大学，2017.

[5] 郑惠梨，曲宁.奥尔夫音乐教学法对促进幼儿音乐节奏感的实证研究 [J].北方音乐，2016（13）：93-94.

[6] 林洁怡.浅谈奥尔夫节奏教学在幼儿园音乐活动的运用 [J].儿童发展研究，2012（3）：47-53.

[7] 李亚培.幼儿节奏感培养及其能力发展研究 [D].福州：福建师范大学，2011.

中的课例，为幼儿节奏感的培养和能力发展提供了可实施的教学方法。

第二，奥尔夫教学法在幼儿园音乐教学活动中的运用研究。王焱鑫[1]、芦静[2]、王潇[3]、周静[4]分别针对奥尔夫教学法应用于幼儿园的歌唱教学、欣赏教学、打击乐教学、律动教学，设计了相应的教学课例和实施策略。唐诗韵[5]在上海市幼儿园的主题课程背景下，将奥尔夫教学法应用于音乐教学中，提出了适合幼儿园音乐教学的理论和具体教学实施的案例。邹燕妃[6]提出了奥尔夫教学法在儿童戏剧教学中的运用策略。冯亚[7]针对奥尔夫音条乐器应用于幼儿音乐教学提出了应用策略。

第三，奥尔夫教学法在幼儿园的本土化教学策略研究。王会平[8]以河北师范大学第二幼儿园为例，在长期运用奥尔夫教学法的经验基础上，提出了奥尔夫教学法在幼儿园的本土化运用策略，如选择本土化的音乐材料、教学用具、教学方法等，并且可以将奥尔夫教学方法融入幼儿园五大领域的教育之中。梁习丹子[9]提出奥尔夫教学法在新疆幼儿音

① 王焱鑫.奥尔夫音乐教学法在幼儿园歌唱教学中的应用研究[D].信阳：信阳师范学院，2015.

② 芦静.奥尔夫音乐教育在幼儿音乐欣赏活动中的运用[J].开封教育学院学报，2019，29（4）：117-118.

③ 王潇.奥尔夫音乐教学法在幼儿园大班打击乐教学中的应用研究[D].天水：天水师范学院，2019.

④ 周静.奥尔夫音乐教学法在小班音乐律动活动中的运用[J].黑河教育，2020（2）：85-86.

⑤ 唐诗韵.主题背景下奥尔夫教学法在幼儿园音乐活动中的实践研究：以上海市Y幼儿园大班为例[D].上海：上海师范大学，2017.

⑥ 邹燕妃.奥尔夫教学法在儿童戏剧教学中的运用[J].音乐技术，2019，39（19）：37-38.

⑦ 冯亚，周峻.奥尔夫音条乐器在我国学前音乐教学中的应用[J].渤海大学学报（哲学社会科学版），2015，37（6）：135-139.

⑧ 王会平.奥尔夫音乐教学法在幼儿园的"本土化"实践探究[D].石家庄：河北师范大学，2014.

⑨ 梁习丹子.奥尔夫教学法在新疆幼儿音乐教育中的本土化研究[D].石河子：石河子大学，2016.

乐教育本土化应用的理论。徐园[①]结合了湖南长沙地区的本土文化，设计出将长沙方言、童谣和花鼓戏与奥尔夫教学法融合进行幼儿音乐教学的课例。申燕[②]在分析奥尔夫教学法在中国本土化运用过程中出现的问题之后，提出奥尔夫教学法在幼儿音乐教育中的本土化实施路径。高晨妍和邵跃飞[③]把江南的民俗文化与奥尔夫教学法融合，运用于幼儿园的教学活动，并提出了融合策略与实施策略。

（四）先行研究的评价

第一，从研究方法上看，理论研究占多数，其次是调查类研究，实证类研究较少。理论类研究的思路也趋于相同，缺少不同的见解和独特的观点。仅从理论角度探讨幼儿节奏教育方法，难以具有较强的说服力。

第二，研究中多为片段化的教学案例设计，前后教学内容的关联性不足。教学内容也多局限于音乐领域，缺少与其他领域（如社会、健康、科学、美术等）的联系和综合。

未来的中国幼儿音乐教育应针对缺乏专业性的教案和教学过程中所出现的问题进行分析，并对教学过程中幼儿的表现与反应保持关注。大部分已有教学案例是在解读幼儿节奏教育理论或奥尔夫音乐教育理论的基础上，结合自身经验设计出的幼儿音乐教学课例。然而，这些教学案例是否真的在教学中应用，不得而知。有些教学设想仅提出了教学素材、道具，至于如何实施，目前尚不明确。

中国地域辽阔，目前有关幼儿节奏教育方法以及奥尔夫教学法在不

① 徐园.论奥尔夫音乐教学法在湖南长沙幼儿音乐教育中的应用探究：以水果篮子幼儿园教学为例 [D].长沙：湖南师范大学，2018.

② 申燕.论奥尔夫幼儿音乐教育本土化实施路径 [J].咸阳师范学院学报，2016，31（4）：111-113.

③ 高晨妍，邵跃飞.幼儿园奥尔夫音乐教育与嘉兴民俗文化整合的实践研究 [J].浙江教育科学，2014（2）：56-59.

同地区幼儿园运用的研究数量较少，而借鉴奥尔夫教学法在河南省实施幼儿节奏教育的研究更是寥寥无几。因此，这进一步体现了本研究的必要性。

　　在考查先行研究的基础之上，研究者根据幼儿的特点，运用奥尔夫教学方法设计适合幼儿的音乐教学指导方案，并实施教学。通过记录并分析教学过程中幼儿的反应和学习效果，了解幼儿的需求，进而实施后续教学。

第五章　运用奥尔夫教学法以节奏为中心的幼儿音乐活动开发

第一节　运用奥尔夫教学法以节奏为中心的幼儿音乐活动构成

本研究者希望运用奥尔夫教学法，开发以节奏为中心的幼儿音乐活动，并将其应用到实际教学中去，结合幼儿的反应、语言和身体表现，提高幼儿的节奏能力。因此，本教学活动灵活地运用全体、小组和个别活动等形式，能够尽可能地为每个幼儿提供充分参与的机会，满足幼儿的能动性探索、操作、实践、协同、交流、表达的多方面需求。

由于《纲要》和《指南》并未对幼儿教育的具体教学内容做细致要求，也没有指定或推荐幼儿园教材，因此幼儿园教师可以较为自主地选择音乐教学方法；并且，根据实施本研究的幼儿园教师透露，目前为止他们所进行的幼儿节奏教育还远远不够。因此，本教学指导方案从简单的 2/4 拍、4/4 拍开始，选择接近幼儿日常语言节奏的 4 分音符、8 分音符、16 分音符作为核心节奏要素，从慢到快、由简单到复杂地进行教学。

本教学指导方案在教学媒介上借鉴了奥尔夫教学法的语言念读和身体表现，将其作为两条主线，贯穿教学方案实施的始终，并借鉴了奥尔夫教学法的探索、观察、模仿、体验、创造的学习阶段。学习活动具体分为 6 个阶段：第一，以语言节奏学习作为起点；第二，以语言节奏为基础的身体节奏初步学习；第三，身体节奏发展学习；第四，进入 2 声部节奏表现学习；第五，即兴语言节奏创作学习；第六，身体表现学习。教学指导方案的主题和学习目标分别如下。

在第 1 课时和第 2 课时中分别选定了"落叶（上）"和"落叶（下）"作为教学主题。使用的媒介是唱歌、语言、身体表现和奥尔夫乐器，以歌唱时感受歌曲中隐藏的节奏要素，并用语言表现节奏为学习目标。特别是在第 2 课时，运用了柯达伊的节奏唱名法。

第 3 课时的主题是"踏雪寻梅"。该课时的学习目标是，通过歌曲、语言、身体和奥尔夫乐器等媒介，用身体动作和演奏奥尔夫乐器的方式表现基本节拍为歌曲伴奏，用身体和乐器表现初步的节奏。

第 4 课时的主题是"苹果、梨、香蕉"。本课时的学习目标是了解水果名称中的节奏，并用身体表现出来，能够将语言节奏转换成身体节奏。

第 5 课时的主题是"水果和童谣 1"，第 6 课时的主题是"蔬菜和童谣 2"。通过变换水果的顺序形成多样的节奏，并用动作表现出来，再以身体动作表现这些固定节奏型为童谣伴奏。学习目标是保持身体与语言这两个节奏声部同时进行，而且能感受到两个不同声部彼此的独立性。

第 7 课时的主题是"语言即兴"。以身体探索、观察、体验、模仿不同的节奏，表现固定节奏型，同时即兴创作语言节奏作为学习目标。

第 8 课时的主题是"动物运动会"。本课时主要是在音乐欣赏的过程中感受和体验音乐要素，并用身体即兴表现。学习目标是，欣赏与听辨音乐的速度与力度变化，并用动作即兴表现出来。

8 个课时的教学发展过程和幼儿的活动阶段整理后如图 5-1 所示。

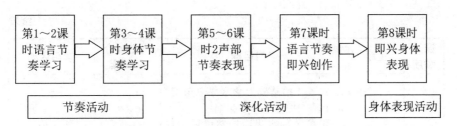

图 5-1　8 个课时的教学过程与活动阶段

表 5-1 中展示了 8 个课时教学指导方案的主题、学习目标、奥尔夫教学法活动媒介及要素、学习活动内容。

表 5-1　课时的教学指导方案

课时顺序	主题	学习目标	活动媒介和要素	学习活动
1 课时	落叶（上）	1. 在 2/4 拍里，用身体表现基本拍、休止符 2. 在 2/4 拍里，以游戏方式表现基本拍、休止符 3. 完整流畅地演唱歌曲《落叶》	歌唱、语言、身体	2/4 拍，4 分音符，休止符
2 课时	落叶（下）	1. 在 4/4 拍里，用语言表现 4 分音符和 8 分音符的音值特点 2. 通过 ta 和 titi 的位置变化，让幼儿念读不同的节奏组合 3. 通过课程上的节奏练习，使用打击乐器为童谣伴奏	歌唱、语言、身体、乐器演奏	4/4 拍，4 分音符，8 分音符，休止符，2 声部节奏
3 课时	踏雪寻梅	1. 在 2/4 拍里，用身体表现基本拍，为歌曲伴奏 2. 演奏小型打击乐器表现基本拍，为歌曲伴奏 3. 熟悉歌曲《踏雪寻梅》，能够完整地跟唱下来，边唱边身体表现或边奏乐 4. 感受规则的意义，自觉遵守游戏规则，学会等待	歌唱、语言、身体、乐器演奏	2/4 拍，4 分音符，8 分音符，休止符

续表

课时顺序	主题	学习目标	活动媒介和要素	学习活动
4课时	苹果、梨、香蕉	1. 在4/4拍基础上念水果名节奏，每个基本拍念1个水果名 2. 隐藏某种水果，仍然可以记住它的位置，并念出它的名字 3. 隐藏某种水果，不念它的名字，只用身体表现它的节奏 4. 能够用身体表现水果名节奏 5. 能够用1～3种身体动作为水果名节奏念读伴奏	语言、身体	4/4拍，4分音符，8分音符，休止符，2声部节奏
5课时	水果与童谣1	1. 在4/4拍基础上念水果名节奏，每个基本拍念1个水果名 2. 隐藏某水果，不念它的名字，只用身体表现它的节奏 3. 通过变化不同的水果，让幼儿念不同的节奏 4. 用身体表现水果名节奏，为童谣《小白兔》伴奏	语言、身体	4/4拍，4分音符，8分音符，16分音符，休止符，2声部节奏
6课时	蔬菜与童谣2	1. 在4/4拍基础上念蔬菜名节奏，每个基本拍念1个蔬菜名 2. 隐藏某蔬菜，不念它的名字，只用身体表现它的节奏 3. 通过变化不同的蔬菜水果，让幼儿学习不同的节奏 4. 用身体表现蔬菜水果名节奏，为童谣《哈巴狗》伴奏	语言、身体	4/4拍，4分音符，8分音符，16分音符，休止符，2声部节奏
7课时	语言即兴	1. 在4/4拍里，用身体表现基本拍为语言伴奏 2. 在4/4拍的基本拍上，用固定句式创编节奏、念节奏	语言、身体	4/4拍，4分音符，8分音符，其他音符，2声部节奏
8课时	动物运动会	1. 听辨音乐的速度与力度变化 2. 能够由4首乐曲联想到4种不同的动物形象 3. 用动作即兴表现音乐的速度与力度变化，感受到的情绪、情景和不同动物的形象特征	身体	速度快慢与力度强弱

第二节　各活动类型教学指导方案内容

本研究中根据活动类型的不同，可以将运用奥尔夫教学法以节奏为中心的幼儿音乐活动分为 8 个课时，每课时都制定了教学指导方案。各个课时按照由慢到快、从简单到复杂的顺序进行，分别有第一类语言节奏学习，第二类以语言节奏为基础的身体节奏初步学习，第三类身体节奏发展学习，第四类 2 声部节奏表现学习，第五类即兴语言节奏创作学习，第六类即兴身体表现学习，指导方案内容如下。

一、语言节奏学习（第 1～2 课时）

第 1 课时共包含 8 次活动。由于幼儿从未接受过有针对性的节奏学习，因此研究者将第 1 课时设计为以歌唱和身体动作为教学媒介的游戏式教学活动。游戏是儿童的天性，以身体动作表现节奏元素，既是游戏，又是学习。从手指动作，到拍手，再到抛捡树叶，通过变化节奏元素的表现方式，循序渐进地提高幼儿的兴趣。关于节奏元素，研究者从简单的 2/4 拍、4 分音符和 4 分休止符入手，作为节奏教学的起点。关于歌曲学习，采用整体教唱的方法。每一次活动的过程，就是一次歌唱和节奏学习的过程。

本学习活动的目的主要是掌握乐曲的特定节奏，并有效表现与之相似的语言节奏。在第 1 课时的导入阶段，教师关于当前的季节提问幼儿，讨论秋天的特点，引出教学主题。在展开活动中，幼儿在唱歌曲《落叶》的同时，模仿教师的身体表现，目的在于感受歌曲的节奏。随后教师在没有伴奏的情况下，边唱歌边和幼儿一起进行身体表现。每当特定节奏出现的时候，教师就用事先准备好的树叶与幼儿一起游戏，助理教师敲击三角铁。活动目的在于帮助幼儿更清楚地感受到节奏。随着活动的不断反复，帮助幼儿感受歌曲旋律并理解节奏，为以后的语言节奏学习奠定基础。

　　第 2 课时共包括 9 次活动。关于教学媒介的设计思路是，从节奏念读到童谣念读，再到奏乐为童谣伴奏。由于新的节奏元素出现，而语言念读是幼儿比较容易接受且没有负担的一种表现形式，因此第 2 课时的教学媒介主要为念读。关于节奏元素，在第 1 课时，全部幼儿能够用身体动作表现 2/4 拍的基本拍和休止符。因此，在活动 1 中复习了第 1 课时的学习内容后，研究者遵循由简单到复杂的原则，从活动 2 开始将节奏元素由 2/4 拍变为 4/4 拍，在 4 分音符基础上，增加了 8 分音符，通过 8 分音符在 4 分音符之间的位置变化，形成不同节奏，从而在活动 7、8 中自然地引出童谣节奏。最后，在活动 9 中，幼儿初次体验了由童谣念读和演奏小型打击乐器构成的 2 声部节奏，为第 5～6 课时的 2 声部节奏练习做准备。

　　在第 2 课时的导入阶段，首先复习第 1 课时的内容。复习活动结束后，教师与幼儿讨论树叶飘落的样子。在展开活动中，教师摆放 4 个圆形垫子，根据树叶的摆放顺序或数量，幼儿与教师一起利用柯达伊教学法的节奏符号和念读方法进行语言节奏学习。这将使幼儿更容易理解和掌握语言节奏规律。为了使幼儿能够掌握节拍特征，研究者利用小型打击乐器演奏歌曲。在全体幼儿演奏之前，为保证活动顺利进行，教师先示范，并随时确认幼儿是否能够正常进行活动。在此过程中，教师要关注并尊重幼儿的个性特点。通过即时反馈，引导幼儿积极参与活动。

　　语言节奏学习的教学指导方案如表 5-2、表 5-3 所示。

表 5-2　语言节奏学习教学指导方案 1

题目	落叶（上）	学习活动媒介	1. 歌唱 2. 打节奏 3. 身体表现
对象	满 5 岁半幼儿		
学习目标	1. 在 2/4 拍里，用身体表现基本拍、休止符 2. 在 2/4 拍里，以游戏方式表现基本拍、休止符 3. 完整流畅地演唱歌曲《落叶》	课时	1
资料	PPT，歌曲，小树叶 100 片，三角铁 1 个		

续表

阶段	学习过程	教学活动	预计时间/分	活动媒介
导入	学习动机诱发	为了诱发动机，教师向幼儿询问当前的季节	2	PPT
展开	活动1	播放歌曲《落叶》，请幼儿跟随教师的动作一起身体表现 1 7 6 5 | 3 4 5 | X 0 | 风儿 你带 什么 来? 在"X"处做动作1次，在"0"处保持不动 5 3 4 5 | 6 4 5 6 | 7 6 5 4 | 3 4 5 | sol mi fa sol la fa sol fa ti la sol fa mi fa sol 用不同高度的身体动作表现旋律音高	3	PPT
	活动2	教师清唱歌曲《落叶》并身体表现 幼儿模仿动作，自由跟唱，动作同活动1	3	三角铁
	活动3	播放歌曲，请幼儿跟随教师的动作一起身体表现 幼儿歌唱，在每个"×"处拍1下手	3	
	活动4	教师清唱歌曲，并身体表现 幼儿歌唱，动作同活动3	3	三角铁
	活动5	教师将提前准备好的红叶握在手里，清唱歌曲 在歌词"什么来"后的"×"处，按照节拍顺序，依次释放红叶 在歌词"落下来"后的"×"处，做捡红叶动作，按照节拍顺序，将落在地上的叶子依次捡起 歌唱，动作同活动3	3	三角铁 小树叶
	活动6	播放歌曲，在唱到最后一句"树叶全部落下来"的时候，将大量红叶抛撒到孩子面前的空地上 歌唱，动作同活动3，在歌曲最后一句时幼儿兴奋地捡叶子	3	小树叶
	活动7	教师清唱歌曲，动作同活动5。活动开始前每位幼儿手中有4片红叶 在歌词"什么来"后的"×"处，按照节拍顺序，依次释放红叶 在歌词"落下来"后的"×"，做捡红叶动作，按照节拍顺序，将落在地上的叶子依次捡起	3	小树叶
	活动8	播放歌曲，动作同活动5 歌唱，动作同活动7	3	
结束	整理与评价	整理学习媒介 再次提问今天所学的内容	2	

表5-3　语言节奏学习教学指导方案2

题目	落叶（下）	学习活动媒介	1. 歌唱 2. 读节奏 3. 打节奏 4. 身体表现 5. 乐器演奏
对象	满5岁半幼儿		
学习目标	1. 在4/4拍里，用语言表现4分音符和8分音符的音值特点 2. 通过ta和titi的位置变化，让幼儿念读不同的节奏组合 3. 通过课程上的节奏练习，使用打击乐器为童谣伴奏	课时	1
资料	小红叶6个，圆形垫子4个，三角铁5个，沙蛋11个		

阶段	学习过程	教学活动	预计时间/分	活动媒介
导入	学习动机诱发	教师询问幼儿是否记得1课时唱过的歌曲	1	
展开	活动1	教师清唱歌曲《落叶》，同时身体律动，动作与第1课时的活动3相同 幼儿跟随教师的歌声与动作一起歌唱并律动 $\underline{1\ 7}\ \underline{6\ 5}\ \|\ \underline{3\ 4}\ 5\ \|\ X\ 0\ \|$ 风儿 你带　什么来? 在"X"处做动作1次，在"0"处保持不动 $\underline{5}\ \underline{3\ 4\ 5}\ \|\ \underline{6\ 4}\ \underline{5\ 6}\ \|\ \underline{7\ 6}\ \underline{5\ 4}\ \|\ \underline{3\ 4}\ 5\ \|$ sol mi fa sol　la fa sol la　ti la sol fa　mi fa sol 用不同高度的身体动作表现旋律音高	3	
	活动2	教师拿出4个圆形垫子，将它们水平摆放在幼儿与教师中间的空地上。接着，将4片树叶按照从左到右的顺序分别摆放在4个圆形垫子上面，同时用较慢的速度读节奏： X　X　X　X ta　ta　ta　ta 教师示范的节奏活动模仿。以4个垫子为基本拍，念读教师示范的节奏型 教师请几位幼儿单独念读节奏型 幼儿个人活动（个别幼儿念读节奏）	3	小树叶4个、圆形垫子4个

阶段	学习过程	教学活动	预计时间/分	活动媒介
展开	活动3	教师从背后拿出树叶，将新出现的叶子放在幼儿左边第二个圆形垫子上，此时该垫子上有2片树叶 教师按照幼儿的从左至右顺序，依次手指4个垫子打基本拍，同时慢速念读节奏： X　X　X　X ta ti ti ta ta 幼儿个人活动（个别幼儿念读节奏） 教师请3名幼儿单独念读节奏	3	小树叶5个、圆形垫子4个
	活动4	教师收回第二个垫子上的一片叶子，用手握住藏在背后。从背后拿出叶子，将它放在幼儿左边第三个圆形垫子上，此时这个垫子上有2片叶子 教师按照幼儿的从左至右顺序，依次手指4个垫子打基本拍，同时念读节奏： X　X　X　X ta ta ti ti ta 教师请3名幼儿单独念读节奏 幼儿个人活动（个别幼儿念读节奏）	3	同上
	活动5	教师收回第三个垫子上的一片叶子，用手握住藏在背后。从背后拿出叶子，将它放在幼儿左边第四个圆形垫子上，此时这个垫子上有2片叶子 教师按照幼儿的从左至右顺序，依次手指4个垫子打基本拍，同时念读节奏： X　X　X X ta ta ta ti ti 教师请3名幼儿单独念读节奏 幼儿个人活动（个别幼儿念读节奏）	3	同上

阶段	学习过程	教学活动	预计时间/分	活动媒介
展开	活动6	教师收回幼儿左边第三个垫子上的一片叶子，放在第一个垫子上，此时这个垫子上有2片树叶 教师就这次叶子的变化提问幼儿 幼儿讨论 教师请1名幼儿单独念读节奏 教师按照幼儿的从左至右顺序，依次手指4个垫子打基本拍，同时念读节奏： X X X X X ti ti ta ta ta 幼儿聆听，观察 教师请4名幼儿单独念读节奏 幼儿个人活动（个别幼儿念读节奏）	3	同上
	活动7	教师告诉幼儿有一片新的叶子也要过来玩耍，就它将飘落的位置与幼儿讨论。教师从背后拿出叶子，将它放在幼儿左边第二个垫子上，此时第一个和第二个垫子上都有两片树叶 教师按照幼儿的从左至右顺序，依次手指4个垫子打基本拍，同时念读节奏： X X X X X X ti ti ti ti ta ta 教师请3名幼儿单独念读节奏 幼儿个人活动（个别幼儿念读节奏）	3	小树叶6个 圆形垫子4个
	活动8	教师告诉幼儿小叶子将要分享一首好听的童谣给他们 教师按照幼儿的从左至右顺序，依次手指4个垫子打基本拍，同时念读童谣： X X X X X | X X X X X | X X X X X | X X X X X | 秋风秋风吹吹，树叶树叶飞飞，好像一群蝴蝶，保开起舞远远。 教师示范的节奏活动模仿 教师关于童谣内容提问	3	同上

续表

阶段	学习过程	教学活动	预计时间/分	活动媒介
展开	活动9	两位教师分别从幼儿座位空间的两个起点开始，给每名幼儿发放一件打击乐器 沙蛋组幼儿演奏ХХ　ХХ，每个音符摇晃一下。三角铁组幼儿演奏ХХ，每个音符敲击一下 ХХ ХХ ХХ｜ХХ ХХ Х Х｜ХХ ХХ Х Х｜ХХ ХХ Х Х‖ 秋风 秋风 吹 吹，树叶 树叶 飞 飞，好像 一群 蝴蝶，保护 越冬 送 进。	4	小树叶6个、圆形垫子4个、三角铁5个、沙蛋11个
结束	整理与评价	整理学习媒介 再次提问今天所学的内容	1	

二、以语言节奏为基础的身体节奏初步学习（第3课时）

本课时在第1、2课时语言节奏学习的基础上，进行身体节奏的初步学习。在本课时中，幼儿将理解歌曲节奏并通过身体动作或小型打击乐初步表现歌曲的基本节拍。在导入阶段，教师向幼儿展示冬天盛开的蜡梅，让他们体验冬天的氛围。随后介绍"寻宝"游戏。

展开活动是游戏式的教学活动，每一次游戏过程，都是歌唱和节奏学习的过程。教师通过在每次游戏情境中变化节奏元素的表现方式，循序渐进地提高幼儿对歌曲和节奏学习的兴趣。这就为感受歌曲的节奏、和语言一起表现身体节奏奠定了基础。教师引导幼儿用不同的身体动作去表现在游戏中出现的多种节奏要素，通过即时反馈以确保下一次活动的顺利进行，并且指导幼儿使用奥尔夫乐器表现特定的节奏。在此过程中，为了让幼儿更准确地理解节拍，选定几名幼儿轮流担任教师的角色。在活动的最后，教师与幼儿一起讨论歌词顺序，以帮助幼儿回忆、巩固已掌握的节奏。

本课时是身体表现节奏的初步学习，包括乐器演奏活动。活动中考虑到幼儿的学习状态，会适当地运用奥尔夫教学媒介，在活动的最后部分将给予全体幼儿共同讨论的时间。通过本课时学习，幼儿可以学会用身体表现歌曲的节奏。关于身体节奏初步学习的教学指导方案如表 5-4 所示。

表 5-4　身体节奏初步学习教学指导方案

题目	踏雪寻梅	学习活动媒介	1. 歌唱 2. 读节奏 3. 身体表现 4. 乐器演奏
对象	满 5 岁半幼儿		
学习目标	1. 在 2/4 拍里，用身体表现基本拍，为歌曲伴奏 2. 演奏小型打击乐器表现基本拍，为歌曲伴奏 3. 熟悉歌曲《踏雪寻梅》，能够完整地跟唱下来，边唱边身体表现或边奏乐 4. 感受规则的意义，自觉遵守游戏规则，学会等待	课时	1
资料	PPT，黑板 1 个，有关歌词内容的图片 13 张，三角铁，单响筒，棒棒糖鼓		

阶段	学习过程	教学活动	预计时间/分	活动媒介
导入	学习动机诱发	教师就冬天开花的植物提问幼儿，围绕画面中冬天开放的蜡梅与幼儿讨论蜡梅的颜色 提醒游戏规则：幼儿需要和教师一起唱歌，同时用身体表现基本拍为歌曲伴奏；当教师在某幼儿面前停下不走时，这位幼儿就是被选中寻宝的人	4	PPT
展开	活动 1	教师清唱，在 2/4 拍每小节的强拍上依次轻轻抚摸每位幼儿头顶。当唱到"响叮当"时停下脚步，在面前这位幼儿的头顶上继续轻点的动作，由此，选出这位幼儿去寻宝 幼儿拍手表现基本拍为歌曲伴奏	2	
	活动 2	教师请幼儿换一种伴奏方式，按照游戏规则，选中幼儿 2 去寻宝 幼儿用拍腿代替拍手，为歌曲伴奏	2	黑板、有关歌词内容的图片
	活动 3	教师选中幼儿 3 去寻宝 幼儿用拍肩膀替换拍腿，为歌曲伴奏	2	同上
	活动 4	教师选中幼儿 4 去寻宝 幼儿用拍肚子替换拍肩膀，为歌曲伴奏	2	同上

阶段	学习过程	教学活动	预计时间 / 分	活动媒介
展开	活动 5	教师继续清唱，请幼儿跟唱，选中幼儿 5 去寻宝 幼儿用踩脚替换拍肚子，为歌曲伴奏	2	同上
	活动 6	教师引导幼儿尝试手部的其他动作，选中幼儿 6 去寻宝 幼儿用一只手的手心拍打另一只手手背为歌曲伴奏	2	同上
	活动 7	教师发放小型打击乐器给幼儿，如单响筒、三角铁、棒棒糖鼓，请幼儿演奏乐器为歌曲伴奏。选中幼儿 7 去寻宝 幼儿将演奏小型打击乐器，敲奏节拍为歌曲伴奏	2	同上、多样的小型打击乐器
	活动 8	教师选中幼儿 8 去寻宝 幼儿敲奏小型打击乐器为歌曲伴奏	2	同上
	活动 9	请幼儿 A 取代教师的角色，游戏继续 经过教师引导，幼儿 A 在 2/4 拍每小节的强拍上依次轻轻抚摸每位幼儿头顶。按照游戏规则选出幼儿 9 去寻宝	2	同上
	活动 10	请幼儿 B 当指挥代替教师 按照游戏规则，幼儿 B 选中幼儿 10 去寻宝	2	同上
	活动 11	请幼儿 C 当指挥代替教师 幼儿 C 按照游戏规则，选中幼儿 11 去寻宝	2	同上
	活动 12	教师挑选两位幼儿取回剩余的两件宝物。教师就 13 张图片的顺序与幼儿讨论 幼儿回忆并演唱歌曲，按照在歌词中出现的顺序为它们排序	2	同上
结束	整理与评价	整理学习媒介 再次提问今天所学的内容	2	

三、身体节奏发展学习（第 4 课时）

本课时共包括 9 个活动，将在第 3 课时的基础上，进行身体节奏发展学习。教师将无实际语言意义的节奏唱名念读转移到幼儿熟悉的水果名节奏念读，使幼儿从语言念读中自然地学习节奏，并将节奏的表现方式转移到身体动作上。研究者将本课时教学活动设计为 3 个阶段。在第一阶段（活动 1～2）念读水果名构成的童谣。在第二阶段（活动 3～5）用身体表现某种被隐藏的水果节奏，让幼儿练习由语言念读和身体表现形成的 2 声部节奏。在第三阶段（活动 6～9）中，用身体动作表现水果名童谣节奏，视幼儿的表现情况辅以语言念读。在第 3 课时，幼儿对于含有 4 分和 8 分音符的身体表现节奏掌握度较高，但由于此前没有 2 声部节奏学习经验，因此研究者在第 4 课时增加了 2 声部节奏的练习活动。

　　本课时通过三个阶段的学习活动让幼儿了解 2 声部节奏，为下一课时的学习打下基础。关于身体节奏发展学习的教学指导方案如表 5-5 所示。

表 5-5　身体节奏发展学习教学指导方案

题目	苹果、梨、香蕉（水果名）	学习活动媒介	1. 读节奏 2. 身体表现 3. 乐器演奏
对象	满 5 岁半幼儿		
学习目标	1. 在 4/4 拍基础上念水果名节奏，每个基本拍念 1 个水果名 2. 隐藏某种水果，仍然可以记住它的位置，并念出它的名字 3. 隐藏某种水果，不念它的名字，只用身体表现它的节奏 4. 能够用身体表现水果名节奏 5. 能够用 1～3 种身体动作为水果名节奏念读伴奏	课时	1
资料	苹果、梨、香蕉、白色圆形的图片		

阶段	学习过程	教学活动	预计时间 / 分	活动媒介
导入	学习动机诱发	教师就在秋天喜欢吃的水果提问幼儿	2	

阶段	学习过程	教学活动	预计时间/分	活动媒介
展开	活动1	教师在屏幕上展示水果图片（共16个），用手随意指某种水果，请幼儿说出水果名字 教师根据幼儿的从左至右顺序，从屏幕左上方的水果开始，依次手指每个水果，请幼儿念读 幼儿念水果名节奏： Ⅹ Ⅹ Ⅹ Ⅹ Ⅹ Ⅹ ∣ 苹果 梨 苹果 梨 Ⅹ Ⅹ Ⅹ Ⅹ Ⅹ Ⅹ ∣ 苹果 苹果 苹果 梨 Ⅹ Ⅹ Ⅹ Ⅹ Ⅹ Ⅹ ∣ 香蕉 梨 苹果 梨 Ⅹ Ⅹ Ⅹ Ⅹ Ⅹ Ⅹ ‖ 香蕉 苹果 香蕉 梨	2	苹果、梨、香蕉的图片
	活动2	屏幕上，"梨"的图片由白色圆形图片取代 教师根据幼儿的从左至右顺序，从屏幕左上方的水果开始，依次手指每个水果，请幼儿念读 幼儿念水果名节奏	1	苹果、香蕉、白色圆形图片
	活动3	教师向幼儿提出挑战看到白色圆形不念"梨"，用拍一下手表示"梨Ⅹ梨"的节奏 Ⅹ Ⅹ 0 Ⅹ Ⅹ 0 ∣ 0 Ⅹ 0 Ⅹ ∣ Ⅹ Ⅹ Ⅹ Ⅹ Ⅹ Ⅹ 0 ∣ 苹果 苹果 苹果 0 Ⅹ 0 Ⅹ ∣ 香蕉 苹果 Ⅹ Ⅹ Ⅹ Ⅹ Ⅹ Ⅹ 0 ‖ 香蕉 苹果 香蕉 0 Ⅹ 0 Ⅹ ∣	3	苹果、香蕉、白色圆形图片
	活动4	教师隐藏"香蕉"的图片，同时还原"梨"的图片。在原来"香蕉"的位置上用白色圆形代替。 教师根据幼儿的从左至右顺序，从屏幕左上方的水果开始，依次手指每个水果，请幼儿念读 幼儿念水果名节奏 教师向幼儿提出挑战看到白色圆形不念"香蕉"，用拍手表示"香蕉ⅩⅩ香蕉"的节奏 Ⅹ Ⅹ Ⅹ Ⅹ Ⅹ Ⅹ ∣ 苹果 梨 苹果 梨 0 0 0 0 ∣ 苹果 苹果 苹果 梨 0 0 0 0 ∣ 梨 苹果 梨 Ⅹ Ⅹ 0 0 0 ∣ 0 Ⅹ 0 Ⅹ ∣ 苹果 梨 Ⅹ Ⅹ 0 Ⅹ Ⅹ 0 ‖	3	苹果、梨、白色圆形图片

续表

阶段	学习过程	教学活动	预计时间/分	活动媒介
展开	活动5	教师隐藏"苹果"的图片，同时还原"香蕉"的图片。在原来"苹果"的位置上用白色圆形代替 教师向幼儿提出挑战看到白色圆形不念"苹果"，用拍手表示"苹果"$\frac{XX}{苹果}$节奏 0 X 0 X | 梨　梨 XX 0 XX 0 | 0 0 0 X | 　　　梨 XX XX XX X | XX 0 X | 香蕉 梨　梨 0 0 XX | XX 0 XXX | 香蕉　香蕉 梨 0 XX 0 0 ‖	3	梨、香蕉、白色圆形图片
	活动6	所有水果不见了，原来水果的位置上现在是白色圆形。教师根据幼儿的从左至右顺序，从屏幕左上方的圆形开始，依次手指每个图案，请幼儿用拍手表现水果名的节奏 幼儿打水果名节奏，不念读： XX X XX X | XX XX XX X | XX X XX X | XX XX XX X ‖	3	白色圆形图片
	活动7	教师就身体表现的其他方式提问幼儿。教师请一名幼儿单独表现 幼儿个人活动 教师就身体表现的更多方式提问幼儿 教师和幼儿一起念读童谣，用拍腿表现节奏 教师和幼儿一起念读童谣，用拍肚子表现节奏	4	同上
	活动8	教师就给节奏为XX和X的水果设计不同的身体动作和幼儿讨论 教师和幼儿一起念读童谣，用拍手表现"苹果"和"香蕉"，拍腿表现"梨"	3	同上

阶段	学习过程	教学活动	预计时间/分	活动媒介
展开	活动9	教师和幼儿一起念读童谣，用身体动作表现节奏 拍头表现"苹果"（XX），拍头表现"香蕉"（XX），拍头表现"梨"（X） 拍头表现"苹果"（XX），拍肩表现"香蕉"（XX），拍腿表现"梨"（X） 幼儿分成两个小组，念读童谣，拍头表现"苹果"（XX），拍肩表现"香蕉"（XX），拍腿表现"梨"（X）	4	同上
结束	整理和评价	整理学习媒介 再次提问今天所学的内容	2	

四、2声部节奏表现学习（第5～6课时）

第5课时将在1～4课时的基础上，将节奏学习推向更加深入的阶段。第5～6课时为2声部节奏学习，难度较大。第5课时的主题是"水果名与童谣"，第6课时的主题是"蔬菜名与童谣"。此处只对第5课时进行详细介绍，并展示第6课时的教学指导方案。第5课时共由10个活动组成，将水果名节奏（固定节奏）从语言念读逐渐转移到身体动作表现，用身体表现固定节奏，为童谣念读伴奏。

本课时设计为三个阶段，阶段一（活动1），念读童谣。阶段二（活动2～6,8～9），让幼儿练习由语言念读和身体表现形成的2声部节奏，将固定节奏从语言逐渐转移到身体动作。阶段三（活动7、10），身体表现固定节奏为童谣念读伴奏。关于节奏元素，由于在此前，幼儿对4分和8分音符已经有了较充分的练习，对2声部节奏的掌握度不高，因此研究者在第5课时增加了含16分音符的节奏，并增加了2声部节奏活动。通过这种方法，使语言节奏转换成身体节奏。最后，本课时的10

次活动目标各不相同，为了让幼儿充分理解，研究者随时确认幼儿的学习状态，并立即给予反馈。

本课时作为为语言念读伴奏的身体表现活动，童谣念读每次进行 2 遍。通过学习，幼儿学会在念读语言节奏的同时用身体表现固定节奏型进行伴奏的 2 声部节奏。关于 2 声部节奏表现学习的教学指导方案如表 5-6 和表 5-7 所示。

表 5-6　2 声部节奏表现学习教学指导方案 1

题目		水果名 + 童谣《小白兔》		学习活动媒介	1. 读节奏 2. 打节奏 3. 身体表现
对象		满 5 岁半幼儿			
学习目标		1. 在 4/4 拍基础上念水果名，每个基本拍念 1 个水果名 2. 隐藏某水果，不念它的名字，只用身体表现它的节奏 3. 通过变化不同的水果，让幼儿念不同的节奏 4. 用身体表现水果名节奏，为童谣《小白兔》伴奏		课时	1
资料		水果（柿子、橘子、香蕉、梨、水蜜桃）、圆形垫子 4 个、手鼓 1 个			

阶段	学习过程	学习活动	预计时间/分	学习媒介
导入	学习动机诱发	为了诱发动机，教师就在秋天成熟的水果提问幼儿 教师就兔子喜欢吃的食物和与兔子有关的童谣提问幼儿	2	
展开	活动 1	教师拿出 4 个圆形垫子，将它们水平摆放在幼儿与教师中间的空地上。按照幼儿的从左至右顺序，手指垫子打基本拍，念童谣《小白兔》 幼儿的节奏活动，念童谣《小白兔》： X X X X X ｜ 小白 兔 白又 白， X X X X X ｜ 两只 耳朵 竖起 来， X X X X X ｜ 爱吃 萝卜 和青 菜， X X X X X ‖ 蹦蹦 跳跳 真可 爱。	1	圆形垫子 4 个

续表

阶段	学习过程	学习活动	预计时间／分	学习媒介
展开	活动2	教师就幼儿喜欢吃的食物提问幼儿 教师将水果摆放在4个垫子上 请幼儿从左至右念水果名	2	柿子、橘子、香蕉、梨、圆形垫子4个
	活动3	教师"吃掉"橘子，就空垫子上原来是什么水果提问幼儿 请幼儿从左至右念水果名，不念"橘子"，用拍手表现它的节奏 念打节奏：XX XX XX X　柿子　香蕉 梨 念词：柿子、香蕉、梨 念节奏　XX 0　XX X 打节奏　0　XX X 0 0	3	柿子、香蕉、梨、圆垫子4个
	活动4	教师"吃掉"柿子，此时剩下香蕉和梨两个水果 请幼儿从左至右念，不念"柿子"和"橘子"，拍手表现它们的节奏 念打节奏：XX XX XX X　香蕉 梨 念词：香蕉、梨 念节奏　0　0　XX X 打节奏　XX XX 0 0	3	香蕉、梨、圆形垫子4个
	活动5	教师"吃掉"香蕉，此时剩下梨 请幼儿从左至右念水果名，不念"橘子"，"柿子"和"香蕉"，用拍手表现它们的节奏 念打节奏：XX XX XX X　梨 念词：梨 念节奏　0　0　0　X 打节奏　XX XX XX 0	3	梨、圆形垫子4个
	活动6	教师"吃掉"梨，此时垫子上没有水果 请幼儿回忆水果顺序，从左至右拍水果节奏	3	圆形垫子4个
	活动7	请幼儿念童谣《小白兔》，同时打节奏： XX XX XX X XX　X　XX X | XX　XXX X | XX　XXX X | XX　XX XX X | 小白　兔，白又白，两只　耳朵竖起来，爱吃　萝卜和青菜，蹦蹦　跳跳真可爱。 XXX XX X | XXX XXX X | XXX XXX X | XXX XX X |	3	圆形垫子4个、手鼓1个

续表

阶段	学习过程	学习活动	预计时间/分	学习媒介
展开	活动8	教师拿出水蜜桃，示范念节奏 XXX 水蜜桃 教师示范的节奏活动模仿 教师将水蜜桃放在幼儿左边的第一个垫子上，替换掉柿子，其余水果位置不变，重新摆放在垫子上。 请幼儿从左至右念水果节奏： XXX XX XX X 水蜜桃 橘子 香蕉 梨 请幼儿念和打节奏： XXX XX XX X 水蜜桃 橘子 香蕉 梨 教师请3名幼儿单独念节奏 幼儿个人活动（个别幼儿念节奏）	3	水蜜桃、橘子、香蕉、梨、圆形垫子4个、手鼓1个
	活动9	教师"吃掉"全部水果，请幼儿拍节奏： XXX XX XX X 教师请个别幼儿单独拍节奏 幼儿个人活动（个别幼儿念节奏）	3	橘子、香蕉、梨、圆形垫子4个、手鼓1个
	活动10	请幼儿拍节奏：XXX XX XX X 教师念童谣，幼儿打节奏为童谣伴奏： ‖XX X｜白又白，｜两只 耳朵竖起来，｜爱吃 萝卜和青菜，｜蹦蹦 跳跳真可爱，‖ 教师请个别幼儿单独拍节奏：XXX XX XX X 幼儿的个人活动 集体念童谣，打节奏： ‖XX X｜白又白，｜两只 耳朵竖起来，｜爱吃 萝卜和青菜，｜蹦蹦 跳跳真可爱，‖ 教师请个别幼儿参与念童谣、打节奏的合作活动	3	圆形垫子4个、手鼓1个
结束	整理和评价	整理学习媒介 再次提问今天所学的内容	1	

表5-7　2声部节奏表现学习教学指导方案2

题目	蔬菜名＋童谣《哈巴狗》	学习活动媒介	1. 读节奏 2. 打节奏 3. 身体表现
对象	满5岁半幼儿		
学习目标	1. 在4/4拍基础上念蔬菜名节奏，每个基本拍念1个蔬菜名 2. 隐藏某蔬菜，不念它的名字，只用身体表现它的节奏 3. 通过变化不同的蔬菜水果，让幼儿学习不同的节奏 4. 用身体表现蔬菜水果名节奏，为童谣《哈巴狗》伴奏	课时	1
资料	蔬菜（胡萝卜、香菇、青菜、葱）、水果（柿子、橘子、香蕉、梨、水蜜桃）、盘子4个、手鼓1个		

阶段	学习过程	教学活动	预计时间 / 分	活动媒介
导入	学习动机诱发	教师就喜欢的小动物提问幼儿 教师就与狗有关的童谣提问幼儿	2	
展开	活动1	教师拿出4个盘子，将它们水平摆放在幼儿与教师中间的空地上。按照幼儿的从左至右顺序，手指垫子打基本拍，念童谣《哈巴狗》 幼儿念童谣《哈巴狗》： X X　X X　X - ｜ 一只 哈巴 狗， X X　X X　X - ｜ 坐在 大门 口， X X　X X　X - ｜ 眼睛 黑黝 黝， X X　X X　X - ‖ 想吃 肉骨 头。 请一名幼儿单独念童谣	2	盘子4个
	活动2	教师将蔬菜摆放在4个盘子上，请幼儿从左至右念蔬菜名，并拍手打节奏为念读伴奏： X X　X X　X X　X 青菜 香菇 青菜 葱 幼儿从左至右念蔬菜名，并拍腿打节奏为念读伴奏	2	香菇、青菜、葱、盘子4个

阶段	学习过程	教学活动	预计时间/分	活动媒介
展开	活动3	教师请一名幼儿"吃掉"一棵青菜，拿出一个胡萝卜放在被"吃掉"的青菜的位置，请幼儿从左至右念蔬菜名	1	胡萝卜、香菇、青菜、葱、盘子4个
	活动4	教师请一名幼儿"吃掉"一种蔬菜 幼儿"吃掉"胡萝卜，剩下香菇、青菜、葱 请幼儿从左至右念蔬菜名，不念"胡萝卜"，用拍腿表现它的节奏 念打节奏：XXX XX XX X 　　　　　香菇 青菜 葱 念词：香菇、青菜、葱 念节奏 ❴0　XX XX X 打节奏 ❴XXX 0　0　0	2	香菇、青菜、葱、盘子4个
	活动5	教师请一名幼儿"吃掉"一种蔬菜 幼儿"吃掉"香菇，剩下青菜和葱 请幼儿从左至右念蔬菜名，不念"胡萝卜"和"香菇"，用拍腿表现它们的节奏 念打节奏：XXX XX XX X 　　　　　　 青菜 葱 念词：青菜、葱 念节奏 ❴0　0　XX X 打节奏 ❴XXX XX 0　0	2	青菜、葱、盘子4个
	活动6	教师请一名幼儿"吃掉"一种蔬菜 幼儿"吃掉"青菜，剩下葱 请幼儿从左至右念蔬菜名，不念"胡萝卜""香菇""青菜"，用拍腿表现它们的节奏 念打节奏：XXX XX XX X 　　　　　　　　　葱 念词：葱 念节奏 ❴0　0　0　X 打节奏 ❴XXX XX XX 0	2	葱、盘子4个
	活动7	教师请一名幼儿"吃掉"一种蔬菜 幼儿"吃掉"葱，此时蔬菜全部没有了 请幼儿回忆蔬菜的位置顺序，从左至右用拍腿表现蔬菜名节奏	1	盘子4个、手鼓1个

续表

阶段	学习过程	教学活动	预计时间/分	活动媒介
展开	活动8	教师与幼儿共同念童谣《哈巴狗》，同时，请幼儿打节奏：XXX XX XX X 教师邀请4名幼儿参与念童谣、打节奏的合作活动 教师念诵童谣，幼儿拍腿来表现固定节奏： ｜XX XX X － ｜XX X 大门 口，｜眼睛 黑黝黝，｜想吃 肉骨头。｜ 一只 哈巴 狗， XX X XX XX｜XXX XX XX｜XX XX XX｜XXX X XX｜	3	同上
展开	活动9	教师将前几次活动中出现的水果都展示出来，分别请4位幼儿上来挑选一种自己喜欢的食物，放在此时的空盘里 4个盘子里依此是水蜜桃、梨、香菇、苹果 请幼儿从左至右念新组合的食物名	2	水蜜桃梨 香菇苹果 盘子4个 手鼓1个
展开	活动10	请幼儿拍手表现新组合的食物名节奏	1	同上
展开	活动11	教师念童谣《哈巴狗》，同时，幼儿拍节奏： XXX X XX XX	2	同上
展开	活动12	教师再次清空盘子，再请4位幼儿上来挑选一种自己喜欢的食物，放在空盘里 4位幼儿分别选择一种食物放在一个空盘子里。此时四个盘子里依此是香蕉、水蜜桃、胡萝卜、柿子 请幼儿拍手表现新组合的食物名节奏： XX XXX XXX XX	2	香蕉 水蜜桃 胡萝卜 柿子 盘子4个 手鼓1个
展开	活动13	请幼儿拍手表现新组合的食物名节奏	2	同上
展开	活动14	教师和幼儿一起念童谣《哈巴狗》，同时，幼儿拍节奏： ｜XX XX X － ｜XX X 大门 口，｜眼睛 黑黝黝，｜想吃 肉骨头。｜ 一只 哈巴 狗， XX XX XX XX｜XXX XX XX｜XX XX XX｜XXX XX XX｜	2	同上
结束	整理和评价	整理学习媒介 再次提问今天所学的内容	2	

五、即兴语言节奏创作学习（第 7 课时）

当幼儿结束了节奏的初步学习和深化学习后，将开始进入创作阶段。第 7 课时共分 4 次活动。通过之前 6 节课的学习，幼儿已经积累了一定的节奏元素。为了检验幼儿是否已经形成稳定的节拍感觉，以及能否运用已经掌握的节奏元素，本课时从探索、观察、模仿、体验四个学习阶段，引导幼儿进行即兴创作。据此，研究者分两个阶段设计教学活动。阶段一（活动 1），在基本拍上的 2 声部节奏探索；阶段二（活动 2-4），在基本拍上的 2 声部节奏即兴创作。由于幼儿几乎没有节奏创作经验，因此，研究者在 4/4 拍内设计了 1 ～ 2 小节的 2 个简单句式，句式的前两拍固定不变，余下的节奏由幼儿利用已掌握的节奏元素进行即兴组合，形成自己的创作。

为了让幼儿在活动中感受到即兴创造的氛围，研究者先进行示范，引导幼儿做出反应。活动的最后部分为了整理学习内容，还利用奥尔夫乐器，进行个人演奏。即兴语言节奏创作学习的教学指导方案如表 5-8 所示。

表 5-8　语言节奏即兴创作学习教学指导方案

题目	即兴语言节奏创作	学习活动媒介	1. 读节奏 2. 打节奏 3. 身体表现 4. 即兴创作
对象	满 5 岁半幼儿		
学习目标	1. 在 4/4 拍里，用身体表现基本拍为语言伴奏 2. 在 4/4 拍的基本拍上，用固定句式创编节奏、念节奏	课时	1
资料	手鼓 1 个		

续表

阶段	学习过程	教学活动	预计时间/分	活动媒介
导入	学习动机诱发	教师拍腿表现基本拍向幼儿问好： 念节奏　XX XX XX X ‖（小朋友们早上好!） 打节奏　X　X　X　X ‖	2	
	活动1	请幼儿以教师的方式向教师问好： 念节奏　XX X　XX X ‖（陈老师早上好!） 打节奏　XX XX XX X ‖ 教师拍腿表现基本拍，示范问好节奏： 念节奏　XX XX X X ‖（陈老师早上好!） 打节奏　X　X　X　X ‖ 教师示范的节奏活动模仿： 念节奏　XX XX X X ‖（陈老师早上好!） 打节奏　X　X　X　X ‖ 教师与4名幼儿单独问好： 念节奏　　　XX X ‖（早上好!） 打节奏　X X X X ‖	5	
	活动2	教师拍手表现基本拍，示范自我介绍： 念节奏　X XX X X ‖（我叫陈老师） 打节奏　X XX X X ‖ 教师请幼儿逐个进行自我介绍，从最右侧的幼儿开始，每人依此用身体表现基本拍，并用固定的节奏句式介绍姓名： 念节奏　X X　　 ‖（我叫） 打节奏　X X X X ‖	5	
	活动3	教师告诉幼儿即将玩接龙游戏，介绍游戏规则 教师击鼓打基本拍，幼儿从最右侧的幼儿开始，每人依次在基本拍上念节奏： 　　X X　　　‖（我叫） 最右侧的4位幼儿尝试游戏，其他幼儿观察游戏玩法	5	手鼓1个
	活动4	教师击鼓打基本拍，从最左侧的幼儿开始，进行即兴创作节奏的接龙游戏 每人依次在基本拍上念节奏"我叫……"的基础上，即兴创作"我喜欢……" ‖X XX X X	XX XX XX X ‖（我叫陈老师，我喜欢小白兔，） X X X X	X X X X ‖	8	同上
结束	整理和评价	整理学习媒介 再次提问今天所学的内容	2	

六、音乐欣赏中的即兴身体表现学习（第 8 课时）

第 8 课时相当于本教学活动进行到目前为止的一个总结。经过语言节奏、身体节奏和 2 声部节奏表现，以及即兴创作等学习过程之后，在第 8 课时音乐欣赏的过程中，幼儿用身体表现感受到的音乐元素的变化与情绪。本课时共包括 3 个活动。第 1～7 课时的教学内容，以节奏元素为中心，运用歌唱、身体动作、语言念读和奏乐的教学媒介，主要学习 2/4 拍和 4/4 拍内的稳定节拍律动，以及不同音符在单声部和 2 声部节奏中组成的多种音值组合。而关于节奏中的速度与力度变化涉及不多。

因此，研究者在第 8 课时安排了以身体表现为主要教学媒介的音乐欣赏活动，将教学活动设计为 3 个阶段。阶段一（活动 1），初次感受音乐的速度与力度变化，能够由 4 首乐曲联想到不同的动物形象。阶段二（活动 2），用动作即兴表现音乐的速度与力度变化，以及感受到的情绪、情景和不同动物的形象特征。阶段三（活动 3），听辨音乐中细微的速度与力度变化。

本课时利用音乐欣赏活动所需的照片等教学媒介，在最后部分进行角色游戏。通过本课时的学习，幼儿可以感受到音乐的速度和力度变化，并用动作即兴表现速度和力度变化，以及感受到的情绪、情景和不同动物的形象特征。即兴身体表现学习教学指导方案如表 5-9 所示。

表 5-9　即兴身体表现学习教学指导方案

题目	动物运动会	学习活动媒介	1. 欣赏 2. 身体表现
对象	满 5 岁半幼儿		
学习目标	1. 听辨音乐的速度与力度变化 2. 能够由 4 首乐曲联想到 4 种不同的动物形象 3. 用动作即兴表现音乐的速度与力度变化，以及感受到的情绪、情景和不同动物的形象特征	课时	1
资料	白板、动物的卡通图片、《动物狂欢节》组曲中的《野驴》《乌龟》《大象》《袋鼠》4 首乐曲		

续表

阶段	学习过程	教学活动	预计时间/分	活动媒介
导入	动机诱发	教师告诉幼儿动物们准备在冬眠之前举办一场运动会，就参加运动会的动物都有谁提问幼儿	2	
展开	活动1	教师播放乐曲1 在欣赏过程中，教师就音乐力度的强弱、速度的快慢提问幼儿 幼儿回答：重重的 教师提问幼儿由乐曲1联想到的动物形象 幼儿回答：大象 教师从白板后面取出动物卡片1，将卡片内容展示给孩子们大象 教师播放乐曲2 在欣赏过程中，教师就音乐力度的强弱、速度的快慢提问幼儿 幼儿回答：慢慢的 教师提问幼儿由乐曲2联想到的动物形象 幼儿回答：小兔子 教师从白板后面取出动物卡片2，将卡片内容展示给孩子们小白兔 教师播放乐曲3 在欣赏过程中，教师就音乐力度的强弱、速度的快慢提问幼儿 幼儿回答：慢慢的 教师提问幼儿由乐曲3联想到的动物形象 幼儿回答：小乌龟 教师从白板后面取出动物卡片3，将卡片内容展示给孩子们小乌龟 教师播放乐曲4 在欣赏过程中，教师就音乐力度的强弱，速度的快慢提问幼儿 幼儿回答：快快的 教师提问幼儿由乐曲4联想到的动物形象 幼儿回答：马 教师从白板后面取出动物卡片4，将卡片内容展示给孩子们马	8	白板 动物的卡通图片

阶段	学习过程	教学活动	预计时间/分	活动媒介
展开	活动2	教师请幼儿表现动物参加运动会的样子 播放乐曲，教师和幼儿一起即兴表现 播放乐曲1幼儿的即兴表现活动 1（大象） 播放乐曲2幼儿的即兴表现活动 2（小白兔） 播放乐曲3幼儿的即兴表现活动 3（小乌龟） 播放乐曲4幼儿的即兴表现活动 4（马）	8	同上
	活动3	教师就大象和乌龟的音乐的速度和力度与幼儿讨论 播放乐曲1的片段 教师就乐曲的速度与幼儿讨论 幼儿回答：慢慢的 播放乐曲3的片段 教师就乐曲的力度与幼儿讨论 幼儿回答：乌龟走路的声音比大象小 教师总结：大象走路速度慢，脚步沉重；乌龟走路也很慢，但是脚步声小 教师就兔子和马的音乐的速度和力度提问幼儿 播放乐曲2的片段 教师就乐曲中速度快慢转换的部分与幼儿讨论 幼儿回答：兔子停下来在吃草 播放乐曲4的片段 教师就马奔跑的特点与幼儿讨论 幼儿回答：马很有劲 教师总结：兔子奔跑的中途会放慢速度；马一直奔跑，而且很有力量	8	同上
结束	整理和评价	整理学习媒介 再次提问今天所学的内容	2	

第六章　运用奥尔夫教学法以节奏为中心的音乐活动的应用

第一节　研究对象

本研究选取河南省平顶山市 C 幼儿园年龄处于 4 ～ 6 岁的 21 名幼儿为对象，对其开展为期 8 周共 69 次的以节奏为中心的音乐教学活动。这些幼儿均未受过幼儿园之外的音乐技能训练，其基本信息如表 6-1 所示。

表 6-1　幼儿基本信息

幼儿编号	性别	年龄	在幼儿园之外，有无音乐学习经验
GXR	女	5 岁 2 个月	无
PJY	男	5 岁 11 个月	无
DHX	女	5 岁 2 个月	无
DSH	男	6 岁 0 个月	无
HPH	男	5 岁 7 个月	无
RSY	男	4 岁 6 个月	无
LYL	男	5 岁 1 个月	无
BMZ	男	5 岁 2 个月	无
YZY	男	5 岁 9 个月	无
ZLY	女	5 岁 7 个月	无
LH	男	5 岁 4 个月	无
LPS	男	6 岁 1 个月	无

幼儿编号	性别	年龄	在幼儿园之外,有无音乐学习经验
GHL	男	5 岁 3 个月	无
JCX	男	4 岁 11 个月	无
XZC	男	5 岁 1 个月	无
YYF	女	6 岁 0 个月	无
ZKY	女	5 岁 4 个月	无
CSW	女	5 岁 3 个月	无
GR	女	5 岁 2 个月	无
LHY	男	5 岁 4 个月	无
LXW	女	5 岁 4 个月	无

第二节　研究工具

一、幼儿学习内容记录

为了掌握幼儿的学习活动,本研究记录了 8 个课时教学活动中每位幼儿的学习内容,并根据上面提出的教学指导方案,在此列举 6 个课时的学习记录表。

(一)语言节奏学习

第 1～2 课时为语言节奏学习。此处详细展示第 2 课时的幼儿学习内容。第 2 课时在以"落叶(下)"为主题的语言节奏学习中,将幼儿的节奏表现活动分 9 次进行观察,并附有幼儿的节奏目标完成度记录表。在各节奏活动中,为了尽可能营造自然的环境,使用了树叶和圆形垫子等活动媒介。第 2 课时采用了柯达伊节奏唱名法,教师首先用"ta"或"ti"示范念读,幼儿模仿学习语言节奏;在确认幼儿熟悉了新节奏后,再让他们使用奥尔夫乐器即兴演奏。教学中使用的语言节奏学习记录表如表 6-2 所示。

表 6-2　语言节奏学习记录表

主题（课时）	落叶（下）（第 2 课时）		目标完成次数	2
各活动目标	活动 1 ①X　**0** ②X　X ③X　X　|　X　**0** ④X　X　|　X　X 活动 2　X　X　X　X 　　　　ta　ta　ta　ta 活动 3　X　X　X　X 　　　　ta　ti　ti　ta　ta 活动 4　X　X　X　X 　　　　ta　ta　ti　ti　ta 活动 5　X　X　X　X X 　　　　ta　ta　ta　ti　ti 活动 6　X X　X　X X 　　　　ti ti　ta　ta　ta 活动 7　X X　X X　X　X 　　　　ti ti　ti ti　ta　ta 活动 8　X X　X X　X　X 　　　　ti ti　ti ti　ta　ta 活动 9　X X　X X　X　X 　　　　ti ti　ti ti　ta　ta			

幼儿编号	各活动目标完成度								
	活动 1	活动 2	活动 3	活动 4	活动 5	活动 6	活动 7	活动 8	活动 9
GXR									
PJY									
DHX									
DSH									
HPH									
RSY									
LYL									
BMZ									
YZY									
ZLY									

LH									
LPS									
GHL									
JCX									
XZC									
YYF									
ZKY									
CSW									
GR									
LYH									
LXW									

（二）以语言节奏为基础的身体节奏初步学习

以"踏雪寻梅"为主题的第 3 课时是身体节奏初步学习，共包括 12 个节奏活动。学习的节奏要素是 2/4 拍、4 分音符和休止符。为了避免枯燥乏味，本课时的节奏学习采用游戏式教学方法。为了确认幼儿是否能用身体正确地表现所学节奏，在本课时后半部分的活动中，让幼儿利用奥尔夫乐器进行即兴演奏。表 6-3 是教学中使用的身体节奏初步学习记录表。

表 6-3　身体节奏初步学习记录表

主题（课时）	踏雪寻梅（第 3 课时）						目标完成次数				1	
各活动目标	活动 1～8 X X 活动 9～11 X X，X 0 活动 12 X X											
幼儿编号	各活动目标完成度											
	活动 1	活动 2	活动 3	活动 4	活动 5	活动 6	活动 7	活动 8	活动 9	活动 10	活动 11	活动 12
GXR												
PJY												
DHX												

DSH									
HPH									
RSY									
LYL									
BMZ									
YZY									
ZLY									
LH									
LPS									
GHL									
JCX									
XZC									
YYF									
ZKY									
CSW									
GR									
LYH									
LXW									

（三）身体节奏发展学习

第 4 课时是在第 3 课时身体节奏初步学习之后，进一步的身体节奏发展学习。为了将"苹果、梨、香蕉"主题的语言节奏转换成身体节奏，本课时以掌握 2 声部节奏作为学习目标。节奏要素包括 4/4 拍、4 分音符、8 分音符。通过练习用身体表现水果名称中出现的节奏，让幼儿学习由身体表现和语言念读构成的 2 声部节奏。表 6-4 是教学中使用的身体节奏发展学习记录表。

表 6-4　身体节奏发展学习记录表

主题 （课时）	苹果、梨、香蕉 （第 4 课时）		目标完成次数		2	
各活动目标	活动 1 XX X XX X | XX XX XX X | XX X XX X | XX XX XX X ‖					
	活动 2 XX X XX X | XX XX XX X | XX X XX X | XX XX XX X ‖					
	活动 3 XX 0 XX 0 | XX XX XX 0 | XX 0 XX 0 | XX XX XX 0 ‖ 0 X 0 X | 0 0 0 X | 0 X 0 X | 0 0 0 X ‖					
	活动 4 XX X XX X | XX XX XX X | 0 X XX X | 0 XX 0 X ‖ 0 0 0 0 | 0 0 0 0 | XX 0 0 0 | XX 0 XX 0 ‖					
	活动 5 0 X 0 X | 0 0 0 X | XX X 0 X | XX 0 XX X ‖ XX 0 XX 0 | XX XX XX 0 | 0 0 XX 0 | 0 XX 0 0 ‖					
	活动 6 XX X XX X | XX XX XX X | XX X XX X | XX XX XX X ‖					
	活动 7 XX X XX X | XX XX XX X | XX X XX X | XX XX XX X ‖					
	活动 8 XX X XX X | XX XX XX X | XX X XX X | XX XX XX X ‖					
	活动 9 XX X XX X | XX XX XX X | XX X XX X | XX XX XX X ‖					

幼儿 编号	各活动目标完成度								
	活动 1	活动 2	活动 3	活动 4	活动 5	活动 6	活动 7	活动 8	活动 9
GXR									
PJY									
DHX									
DSH									
HPH									
RSY									
LYL									
BMZ									
YZY									
ZLY									

续表

LH										
LPS										
GHL										
JCX										
XZC										
YYF										
ZKY										
CSW										
GR										
LYH										
LXW										

（四）2声部节奏表现学习

第5～6课时是2声部节奏表现学习。第5课时为"水果与童谣"，第6课时为"蔬菜与童谣"。在主题为"水果与童谣"的第5课时中，将节奏表现从语言念读逐渐转移到身体动作，用身体表现固定节奏型为童谣念读伴奏的2声部节奏是本课时的学习目标。节奏要素包括4/4拍、4分音符、8分音符、16分音符。由于幼儿对2声部节奏的理解度较低，所以研究者在教学中让幼儿反复练习由语言念读和身体表现构成的2声部节奏。将固定节奏由语言逐渐转移到身体动作，再由身体表现固定节奏为童谣念读伴奏。教学中使用的2声部节奏表现活动的记录表如表6-5所示。

表6-5　2声部节奏表现学习记录表

主题 （课时）	水果名＋童谣《小白兔》（第5课时）				目标完成次数				2	
各活动 目标	活动 1 XX X XX X ｜ 　　　XX XX XX X ｜ 　　　XX XX XX X ｜ 　　　XX XX XX X ‖ 活动 2 XX XX XX X 活动 3 ｜XX 0 XX X 　　　0 XX 0 0 活动 4 ｜0 0 XX X 　　　XX XX 0 0 活动 5 ｜0 0 0 X 　　　XX XX XX 0 活动 6 XX XX XX X 活动 7 ｜XX X XX X ｜ XX XX XX X ｜ XX XX XX X ｜ XX XX XX X ‖ 　　　XX XX XX X ｜ XX XX XX X ｜ XX XX XX X ｜ XX XX XX X ‖ 活动 8 XXX XX XX X 活动 9 XXX XX XX X 活动 10 ｜XX X XX X ｜ XX XX XX X ｜ XX XX XX X ｜ XX XX XX X ｜ 　　　XXX XX XX X ｜ XXX XX XX X ｜ XXX XX XX X ｜ XXX XX XX X ‖									
幼儿 编号	各活动目标完成度									
	活动 1	活动 2	活动 3	活动 4	活动 5	活动 6	活动 7	活动 8	活动 9	活动 10
GXR										
PJY										
DHX										
DSH										
HPH										
RSY										
LYL										
BMZ										
YZY										
ZLY										
LH										
LPS										

GHL									
JCX									
XZC									
YYF									
ZKY									
CSW									
GR									
LYH									
LXW									

（五）语言节奏即兴创作学习

第 7 课时为语言节奏即兴创作学习。经过前 6 个课时的学习，确认了幼儿对节奏要素的理解程度，因此本课时学习目标是自然地引导幼儿进行即兴创作。本课时的前半部分是探索 2 声部节奏，后半部分是在基本拍的基础上即兴创作 2 声部节奏。语言节奏即兴创作的学习记录表如表 6-6 所示。

表 6-6　语言节奏即兴创作学习记录表

主题（课时）	语言节奏即兴创作（第 7 课时）		目标完成次数	2
各活动目标	活动 1　XX X XX X 　　　　X X X X 活动 2　X X 　　　　X X X X 活动 3　X X 　　　　X X X X 活动 4　X X 　　　　X X X X ｜ X X X X			
幼儿编号	各活动目标完成度			
	活动 1	活动 2	活动 3	活动 4
GXR				

续表

PJY				
DHX				
DSH				
HPH				
RSY				
LYL				
BMZ				
YZY				
ZLY				
LH				
LPS				
GHL				
JCX				
XZC				
YYF				
ZKY				
CSW				
GR				
LYH				
LXW				

（六）音乐欣赏中的即兴身体表现学习

第8课时音乐欣赏中的即兴身体表现学习是本研究的最后一个音乐活动。本课时主题是"动物运动会"，主要是让幼儿通过音乐欣赏进行即兴身体表现。幼儿在音乐欣赏的过程中用动作即兴表现速度和力度变化，以及感受到的情绪、情景与不同动物的形象特征。表6-7是幼儿通过音乐欣赏即兴身体表现的学习记录表。

表6-7　音乐欣赏中的即兴身体表现学习记录表

主题（课时）	动物运动会（第8课时）		目标完成次数	2
各活动目标	感受音的高低，并用身体即兴表现；感受速度的快慢，并用身体即兴表现；感受力度的强弱，并用身体即兴表现			
幼儿编号	各活动目标完成度			
	活动1	活动2		活动3
GXR				
PJY				
DHX				
DSH				
HPH				
RSY				
LYL				
BMZ				
YZY				
ZLY				
LH				
LPS				
GHL				
JCX				
XZC				
YYF				
ZKY				
CSW				
GR				
LYH				
LXW				

二、奥尔夫乐器及其他活动道具

运用奥尔夫教学法以节奏为中心的幼儿音乐活动使用了奥尔夫乐器。教学过程中使用到的无旋律打击乐器有三角铁、沙蛋、单响筒、棒棒糖鼓、手鼓等，如图6-1至图6-5所示；除此之外，还有从自然界带回来的落叶、水果、蔬菜等，以及垫子、盘子、图片等活动道具。

图 6-1　三角铁　　　　　　　　　　图 6-2　沙蛋

图 6-3　单响筒　　　　　　　　　　图 6-4　棒棒糖鼓

图 6-5　手鼓

三、影像资料

为了得到更准确的研究结果，在研究过程中使用相机进行记录，拍摄准备及内容如下。

第一，将实际教学过程制作成视频资料进行收集。在上课前取得本幼儿园教师和幼儿的谅解，并得到了作为研究结果资料使用的同意。拍摄的视频包括课程的全部内容，作为详细分析和整理教师—幼儿相互作用的详细工具，还会将其转录成文字记录。视频拍摄每节课约30分钟，共240分钟。

第二，在实施正式教学的过程中，记录幼儿的活动并留下照片。在事先征得同意后拍摄照片，为了不妨碍幼儿活动，全程静音拍摄。拍摄的内容包括团体活动和个人活动、集体演奏等，通过这些可以获得无法用文字表达的部分。照片资料每课时约20张，共160张。

第三节　研究程序

本研究的幼儿园教学时间为2019年10月8日至2019年12月20日，共8周。研究期间，以每周1课时为单位实施音乐活动，活动实施日期与班主任商议后调整为每周三上午9点30分到10点，上课时长为25～30分钟，根据幼儿的需求和兴趣灵活安排。上课地点是河南省平顶山市某幼儿园的教室。

本研究开始前，研究者在一学期内为该幼儿园的该班级幼儿授课的频率为每两周一次，在该幼儿园举办相关教育研究活动时，研究者利用一周的时间参与观察并了解了幼儿的学习过程。这是为了结合该班级的教学情况实施节奏学习活动。通过这种方式，研究者与幼儿建立了较亲密的关系。

研究者运用奥尔夫教学法开发了以节奏为中心的幼儿音乐活动，并撰写了共8课时的教学指导方案，将计划好的指导方案与班主任协商后，研究者直接将该指导方案应用到课堂上。研究者亲自作为教师进行教学，助理教师在必要时给予帮助。上课时间是该班级所有幼儿参加音乐活动的时间。

在进行节奏学习活动中，维持整体学习框架的同时最大限度地鼓励幼儿进行自我表现，对幼儿多样的表现形式持包容态度。节奏学习活动的重点是幼儿在学习过程中的反应和学习效果，这时，幼儿积极参与学习的态度是最重要的。

在节奏学习活动教学结束后，转抄当天教学录像文件，记录教学反思与评价。通过保存记录和检查过程，可以更详细地看到上课时看不到的幼儿表现的意义和教学流程。在此基础上，研究者制作了各幼儿的学习记录表，以此为依据，对当天实施的节奏学习活动进行评价，以幼儿的反应为基础，评估学习效果，然后应用到下一阶段的学习活动中，不断修改和完善教学计划。

第七章　研究结果

在本研究中，以 4 ~ 6 周岁幼儿为对象，实施了运用奥尔夫教学法以节奏中心的幼儿音乐活动，在幼儿园音乐课上实施教学后，以幼儿的学习活动记录表、教学录像和照片为基础，将幼儿的参与度、学习效果等学习结果按照时间顺序进行整理。下面具体说明运用奥尔夫教学法以节奏为中心的 8 个课时幼儿音乐活动的应用结果。

第一节　节奏活动学习（第 1 ~ 4 课时）

一、语言节奏学习

（一）节奏的感受与表现：第 1 课时

本课时选取简单的 2/4 拍歌曲，以帮助幼儿能够尽快地适应相对陌生的节奏学习活动。首先，在导入部分教师就当时的季节向幼儿提问，引出本课时的主题。教师关于秋天季节特点和落叶颜色的提问，引发了学习动机。此时，幼儿对本课时的活动表现出了期待的反应。

在 [活动 1] 的展开阶段，幼儿自由地跟唱，用手指动作来表现节奏。最初只有 3 名幼儿像研究者一样用手指动作表现节奏，但逐渐增加至 10 名，到 13 名、15 名，最后全部幼儿用手指动作表现节奏。活动中一直盯着其他幼儿脸庞的 JCX 也伸出手指一起表现节奏。如图 7-1 所示。

图 7-1　活动 1 场景

[活动 2]，幼儿和教师一起唱歌，用 [活动 1] 同样的动作表现节奏。所有的幼儿刚开始尽管能够用缓慢的动作表达出身体节奏，但是只有 1～2 名幼儿跟着唱歌。在歌曲中模仿风声时，所有幼儿都兴奋地离开自己的座位，模仿树叶掉落的样子，开心地在地上爬行。

[活动 3]，唱歌时，每当听到"叮"声时就拍一下手。研究者为了帮助幼儿理解，与幼儿一起律动表现（图 7-2）。活动中，所有人都能较好地模仿动作，但有相当多的幼儿歌词和发音不正确。

图 7-2　活动 3 场景

[活动4]，根据幼儿的反馈情况，把歌词的一部分改成"啦"，其余活动内容与[活动3]相同。将歌词的一部分改成"啦"后，幼儿整体上能够较好地完成歌曲演唱。

[活动5]，教师利用枫叶指导幼儿在歌曲中更加准确地感受节奏。正式活动中，在歌词"什么来"后的"×"处，按照节拍顺序，依次释放红叶。在歌词"落下来"后的"×"处，做捡红叶动作，按照节拍顺序，将落在地上的叶子依次捡起。如图7-3所示，利用红叶，幼儿适应得更好。

图7-3　活动5场景

[活动6]和[活动5]的活动内容相同，到了最后一句"树叶全都落下来"的时候，很多红叶都飘到了孩子们面前的空地上，于是所有的幼儿都兴奋地捡起树叶。

[活动7]，幼儿和教师一起随着歌曲的节奏利用枫叶进行活动。在开始之前，每位幼儿手里拿着4个枫叶。歌唱时，在歌词"什么来"后的"×"处，按照节拍顺序，依次释放红叶。在歌词"落下来"后的"×"，做捡红叶动作，按照节拍顺序，将落在地上的叶子依次捡起。但是幼儿没有按顺序捡枫叶，而是兴奋地捡掉在教师面前空地上的叶子。课堂情景如图7-4所示。

图 7-4　活动 7 场景

[活动 8]，为了确认幼儿是否能够真实地感受和表现歌曲节奏，再次开展活动与 [活动 7] 的活动内容相同。但是在说明活动要求时，幼儿都在看着手中的枫叶，没有认真听教师讲话。因此，教师收回了幼儿手里的枫叶，进行了和 [活动 1] 一样的活动（图 7-5）。以学习记录表为基础分析本课时节奏目标完成度，结果如图 7-6 所示。

图 7-5　活动 8 场景

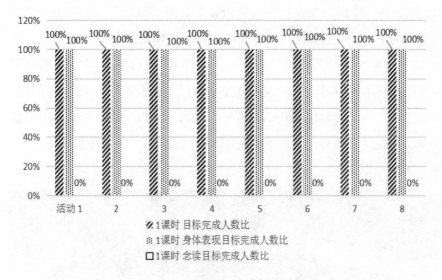

图 7-6 第 1 课时学习目标完成度

根据结果可知，第 1 课时每个活动的目标完成度都是 100%，全部幼儿能够积极地参与活动，掌握学习内容。并且，第 1 课时在所有 8 个课时中目标完成度最高。

第 1 课时"落叶（上）"是包含歌唱和身体表现的综合音乐活动。该课时以秋天的落叶为主题，节奏目标是在 2/4 拍里，用身体动作表现基本拍、休止符。通过不断变化打节奏的方式，从幼儿熟悉的手指动作，到拍手，再到抛捡树叶的游戏形式，循序渐进地增加幼儿对歌曲和节奏学习的兴趣点。每一次游戏的过程，就是一次歌唱和节奏学习的过程。随着游戏情境的层层深入，除未参与幼儿外，所有人都能轻松地完成活动目标。

（二）语言节奏表现：第 2 课时

在第 2 课时的导入阶段，先回忆第 1 课时学习的歌曲，然后进行展开活动。

[活动 1]，复习第 1 课时的学习内容，之后根据从单纯到复杂的教

学原则，进入 [活动2]，运用柯达伊教学法的节奏唱名法念读由 4 分音符组成的节奏"ta ta ta ta"。这次活动共有 5 次集体节奏念读学习，已到 16 名（有 5 名幼儿请假）幼儿中有 14 名能完成目标。由于目标节奏由 4 分音符组成，对幼儿来说难度较小，但仍有少数幼儿无法按照示范速度念读。为了检验某幼儿是否掌握学习内容，教师请个别幼儿单独念读，幼儿在回答教师问题时能够准确地念读节奏。课堂情景如图 7-7、图 7-8 所示。

图 7-7　活动 2 场景 1　　　　　　图 7-8　活动 2 场景 2

[活动3]，在 4/4 节拍基础上念读节奏"ta titi ta ta"，进行身体表现。多加一片树叶导致多数幼儿在表现节奏时花费了很长时间。在个人节奏念读活动中，少数幼儿的节奏表现内容不正确。在教师的节奏示范念读之前，PJY 和 DSH 主动念读节奏，内容是 PJY $\frac{X\ X\ X\ X\ X}{ta\ ta\ ta\ ta\ ta}$，DSH $\frac{X\ X\ X}{ta\ ta\ ta}$。JCX 在 LPS 回答教师提问中断的时候，主动念读 $\frac{X\ X\ X}{ta\ ta\ ta}$。三者主动单独念读的节奏均不正确。因此，研究者进行了节奏示范念读和个别

提问，最后所有幼儿都完成了节奏目标。特别是 ZLY 在节奏方面的身体表现力较好。但是只有 9 名幼儿在念读的同时伴随身体表现，其中，ZLY 在 4 次集体节奏念读中都能打基本节拍。6 名幼儿，DSH、HPH、LH、XZC、CSW、GR 仅念读，没有身体表现。课堂情景如图 7-9 和图 7-10 所示。

图 7-9　活动 3 场景 1　　　　　图 7-10　活动 3 场景 2

[活动 4] 以 [活动 3] 的节奏为基础，改变了树叶的顺序。因为已经在 [活动 3] 中进行过类似活动，所以在教师示范念读之前，就已经有幼儿能够自发地独立念读节奏。本活动共有 5 次集体节奏念读，16 名幼儿都能完成目标。为了解目标的完成情况，研究者在活动过程中向幼儿提问，回答提问的幼儿有 3 名。PJY 和 GHL 的念读内容相同，且节奏正确。LH 在第一次念读错误后，第二次念读正确。

[活动 5] 以 [活动 4] 的节奏为基础，改变了树叶的顺序。本活动共包括 6 次集体节奏念读，16 名幼儿中有 14 名能完成目标，而 LH 和

JCX 没能完成目标。由于此前已有两次活动经验，大多数幼儿在本活动中都能完成节奏目标，主动单独念读节奏的幼儿明显增多。

[活动 6]，重新改变了树叶的顺序，学习内容为念读由 8 分音符和 4 分音符组成的 4/4 拍节奏。在共 4 次的集体节奏念读中，16 名幼儿中有 11 名完成了目标，5 名未能完成目标。为了准确掌握幼儿的学习情况，研究者向幼儿提问，回答问题的幼儿有 6 名。DHX 和 BMZ 念读正确。GXR 念读错误。PJY 在第一次念读错误后，第二次念读节奏正确。GHL 在第一次念读第一拍后中断，第二次念读正确。XZC 第一次念读时读完第一拍后中断，第二、三次念读时不能立即开口念第一拍，由教师帮助念第一拍，他才跟着一起念读完整节奏，念读正确。本活动中，多数幼儿能够完成目标。未完成目标的幼儿明显增多，其中 5 名幼儿 DSH、BMZ、LH、JCX、XZC 的目标完成度最低，在活动中均无回应。念读时伴随身体表现的幼儿明显减少。主动单独念读和回答教师提问的幼儿明显增多。课堂情景如图 7-11 所示。

图 7-11　活动 6 场景

[活动 7]，新添加了一片树叶，在 4/4 拍基础上进行节奏念读。本

活动中大多数幼儿能够完成目标，念读时有身体表现的幼儿继续减少。由此说明8分音符由1个变成2个以后对幼儿来说难度增大了。本活动共有3次集体节奏念读，16名幼儿中有15人能够完成目标，JCX没有完成目标。课堂情景如图7-12所示。

图7-12　活动7场景

[活动8]的节奏与已学习的节奏相同，进行身体表现并念读儿歌《落叶》。本活动共有2次节奏念读。16名幼儿中有12名完成了目标，LPS在第二次读节奏时能打基本节拍，其余11名只是读节奏，没有身体表现。本活动在没有教师提问的情况下，多数幼儿完成了目标。仅念读无身体表现的人数较多。活动时无回应人数较多。

[活动9]本活动中将幼儿分成沙蛋组和三角铁组，演奏童谣。幼

儿饶有兴趣地接受了乐器，为了更有效地演奏，由研究者进行指挥。但是到目前为止，由于教学活动持续时间过长，大部分幼儿无法集中精神。在3次演奏活动中，16名幼儿未能完成念读目标，6名幼儿能够完成演奏目标。因此，本活动的目标未能完成。课堂情境如图7-13、图7-14所示。以学习记录表为基础分析本课时节奏目标完成度，结果如图7-15所示。

图 7-13　活动 9 场景 1

图 7-14　活动 9 场景 2

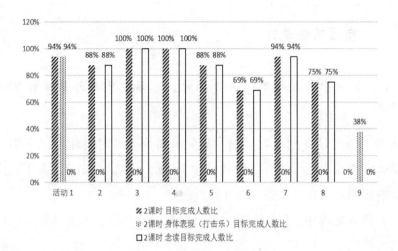

图 7-15 第 2 课时学习目标完成度

根据结果可知，对于活动 3 和 4 的目标节奏 $\frac{X}{ta}\ \frac{X\ X}{ti\ ti}\ \frac{X}{ta}\ \frac{X}{ta}$ 和 $\frac{X}{ta}\ \frac{X}{ta}\ \frac{X\ X}{ti\ ti}\ \frac{X}{ta}$，16 名幼儿都能完成，目标完成度最高为 100%。

活动 6 的目标节奏 $\frac{X\ X}{ti\ ti}\ \frac{X}{ta}\ \frac{X}{ta}\ \frac{X}{ta}$ 相比活动 1 ~ 5、7 ~ 8 的完成度稍低。关于 XX 和 3 个 X 在 4/4 拍里 1 小节的顺序，幼儿对 XX 在第 2、3、4 拍的掌握度，相比 XX 在第 1 拍的掌握度更高。

活动 9 是一个 2 声部节奏活动，念读目标无人完成。该目标节奏是在活动 8 念读童谣《落叶》的基础上，演奏打击乐器为童谣伴奏。有 6 人完成演奏目标，人数比为 38%。对于含有休止符的念读和演奏不同的 2 声部节奏难以掌握。

综合幼儿的表现和学习记录表可以看出，幼儿能够较好地掌握 4/4 拍里由 4 分音符和 8 分音符构成的语言节奏。但是在活动 9 中，演奏乐器需要幼儿脑、口、手、眼并用，较之前活动目标的难度较大。幼儿难以掌握含有休止符的念读和演奏不同的 2 声部节奏。另外，由于教学活动持续时间较长，幼儿在活动的最后无法集中注意力。虽然语言节奏学习可以适用于现幼儿园的幼儿，但是在活动时间的安排上应考虑到幼儿的成长特点。

二、身体节奏学习

（一）初步学习活动：第3课时，以语言节奏为基础的身体节奏表现

为了激发幼儿的学习动机，研究者将第3课时设计为以歌唱、身体动作和奏乐为教学媒介的游戏式教学活动。在导入阶段，为了引出主题，利用图片媒介，并告知幼儿游戏规则。

在展开阶段中，[活动1]是教师唱歌，幼儿拍手表现基本节拍为歌曲伴奏的活动。教师一边唱歌，一边在2/4拍上依次抚摸每个幼儿的头顶。在唱出"响叮当"时停下脚步，在面前这位幼儿的头顶上继续轻点的动作，由此，选出这位幼儿去寻宝。YZY从13张贴在黑板上的图片中挑选了有铃铛的图片展开，展示给其他幼儿后贴在黑板上。

[活动2]，教师请幼儿换一种伴奏方式，按照游戏规则，选中幼儿HPH去寻宝。这次幼儿用拍腿代替拍手，为歌曲伴奏。幼儿HPH发现的宝物是"小毛驴"（图7-16）。

图7-16　活动2场景

[活动 3]，教师选中幼儿 LH 去寻宝。这次幼儿用拍肩膀替换拍腿为歌曲伴奏。幼儿 LH 发现了"一座石桥"。

[活动 4]，教师选中幼儿 GXR 去寻宝。这次幼儿用拍肚子替换拍肩膀为歌曲伴奏。幼儿 GXR 发现了"一串铃铛"。

[活动 5]，教师继续清唱，请幼儿跟唱，选中幼儿 DHX 去寻宝。这次幼儿用跺脚替换拍肚子为歌曲伴奏。幼儿 DHX 发现了"一个太阳"。课堂情景如图 7-17 所示。

图 7-17　活动 5 场景

[活动 6]，教师引导幼儿尝试手部的其他动作，选中幼儿 RSY 去寻宝。幼儿用一只手的手心拍打另一只手手背为歌曲伴奏。幼儿 RSY 发现了"一串铃铛"。

[活动 7]，是利用小型打击乐器为歌曲伴奏的活动。教师发放小型打击乐器给幼儿，如单响筒、三角铁、棒棒糖鼓，选中幼儿 PJY 去寻

宝。幼儿演奏小型打击乐器，敲奏节拍为歌曲伴奏。幼儿 PJY 发现了"一串铃铛"。课堂情景如图 7-18 所示。

图 7-18　活动 7 场景

[活动 8]，教师选中幼儿 DSH 去寻宝。幼儿敲奏小型打击乐器为歌曲伴奏。幼儿 DSH 发现了"一串铃铛"。

[活动 9]，为了让幼儿能够更准确地辨别节奏，幼儿担任教师的角色，继续游戏活动。经过教师引导，幼儿 PJY 在 2/4 拍每小节的强拍上依次轻轻抚摸每位幼儿头顶。按照游戏规则选出 1 位幼儿去寻宝。幼儿 CSW 发现了"一束蜡梅"。课堂情景如图 7-19 所示。

图 7-19 活动 9 场景

[活动 10]，请幼儿 GXR 当指挥代替教师。按照游戏规则，幼儿 GXR 选中幼儿 ZKY 去寻宝。幼儿 ZKY 发现了"一位琴童在弹奏古琴"。

[活动 11]，请幼儿 BMZ 当指挥代替教师。幼儿 BMZ 按照游戏规则，选中幼儿 YYF 去寻宝。幼儿 YYF 发现"插在花瓶里的蜡梅"。

[活动 12]，为了整理本课时的学习内容，教师挑选两位幼儿取回剩余的两件宝物，并就 13 张图片的顺序与幼儿讨论，幼儿回忆并演唱歌曲，按照歌词顺序为它们排序。课堂情景如图 7-20 所示。

图 7-20　活动 12 场景

以学习记录表为基础分析本课时学习目标完成度，结果如图 7-21 所示。

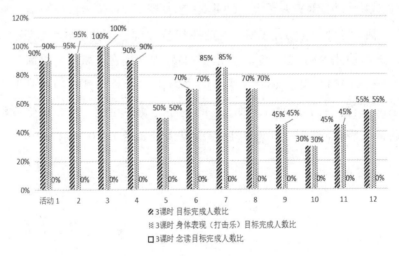

图 7-21　第 3 课时学习目标完成度

根据结果，本课时目标可以分为 3 个层次。第一，活动 1～6，变化不同的身体动作表现基本拍。目标完成人数百分比较高，最高为 100%，最低为 50%。第二，活动 7～12，演奏小型打击乐器表现基本拍。目标完成人数百分比迅速降低，最高为 85%，最低为 30%。第三，活动 9～11，分别有 3 名幼儿代替教师的角色，作为小指挥，表现 2/4 拍的强拍，这 3 名幼儿都能够完成目标，其余幼儿继续演奏小型打击乐器表现基本拍。

由第 3 课时目标完成人数比分析判断，幼儿用身体表现 2/4 拍歌曲基本拍的掌握度高于演奏乐器表现基本拍。实际上，幼儿想要"寻宝"的意愿强烈，大部分幼儿在游戏中都没有歌唱，或者只唱了几句，所以本课时的歌唱目标无人完成。其主要原因在于歌曲的结构长，节奏复杂，歌词较多，且幼儿不易理解，对幼儿的记忆压力较大。

（二）发展学习活动：第 4 课时，将节奏转移至身体表现

在本课时的导入阶段中，为了激发学习动机，教师与幼儿讨论了秋季的水果。幼儿通过讨论与思考引出了本课时的主题。

在展开阶段，[活动 1] 利用图片媒介，念读由水果名组成的童谣。教师手指水果作为基本拍，幼儿念读水果名节奏，有些幼儿在念读后表示好听。本活动共有 3 次节奏念读活动，16 名幼儿全部完成了目标。幼儿在念读水果名节奏的过程中，精神饱满，状态投入。课堂情景如图 7-22 所示。

图 7-22　活动 1 场景

[活动 2]，隐藏"梨"并记住它的位置，念读全部水果名节奏。与 [活动 1] 的节奏相同，在本活动中，请幼儿闭上眼睛，并猜测教师会"吃掉"一种什么水果。教师将"梨"隐藏起来，幼儿仍然能够记住它的位置，并念读节奏。幼儿总体上表现出积极的态度，在念读水果名节奏时非常投入。本活动共有 3 次节奏念读，16 名幼儿全部完成了目标。

由于 [活动 2] 中全体幼儿都能够完成目标，所以在 [活动 3]，教师用白色圆形图片代替原来的"梨"，并提示幼儿看到白色圆形不念"梨"，而是拍一下手表示"梨"的节奏。但在本活动中，由于语言和身体表现的节奏不同，部分幼儿较难同时控制语言和身体节奏。课堂情景如图 7-23 所示。

图 7-23　活动 3 场景

[活动 4]，教师隐藏"香蕉"图片，同时还原"梨"的图片，原来"香蕉"的位置换用白色圆形图片。本活动的第一部分，教师没有要求在"香蕉"处拍手，但是，已经有幼儿自发地在"香蕉"处拍手了。该活动的第二部分是不念"香蕉"，只用拍手表现"香蕉"的节奏。本活动虽然语言与身体所表现的节奏不同，但语言与动作在节奏的中间交替次数较少，所以与 [活动 3] 相比幼儿较容易控制语言和身体节奏，完成相应的语言目标或身体目标也相对轻松一些，所以幼儿的目标完成度比 [活动 3] 高。

[活动 5]，教师隐藏"苹果"的图片，同时还原"香蕉"的图片，原来"苹果"的位置换用白色圆形图片。本活动也包括两个部分。第一部分，在念读"苹果"时，研究者没有要求拍手表现节奏，但有更多的幼儿自发地在"苹果"处拍手。有人拍一下，有人拍两下。可见随着水

果的变化，幼儿无法准确掌握拍手的次数。从本活动起，有部分幼儿已经开始感到吃力。在第二部分中，为了使幼儿更准确地用身体动作表现节奏，研究者示范了"苹果"节奏的拍手方式。在第二部分的节奏活动中，有在"苹果"处同时进行语言和身体节奏表现的幼儿，也有在其他水果处拍手的幼儿。这是因为语言与动作在节奏的中间交替次数增加，难度加大了。并且，本节奏开始的第 1 拍就是身体节奏，语言节奏休止，部分幼儿较难同时控制语言和身体节奏。因此，16 名幼儿中只有 3 名完成了目标，13 名幼儿未能完成目标。课堂情境如图 7-24 所示。

图 7-24　活动 5 场景

[活动 6] 也包括两个部分。第一部分活动是隐藏所有的水果图片，按照原来的顺序念读节奏。教师把白色圆形图片的轮廓描上了不同颜色，以提醒幼儿水果的顺序。在此过程中，相当一部分幼儿未能集中精力参与活动。第二部分活动是观察白色圆形图案，按水果原顺序用手表

现水果节奏。在此过程中,大多数人都能够控制住不念,只拍手表现节奏。

[活动7] 共包括3次活动。在第一次活动中,教师向幼儿提问了有关身体表现的其他方式。在给幼儿充分思考的时间之后,请一名幼儿单独表现。在第二次活动中,教师与幼儿一起念读童谣,用拍击双腿来表现节奏。由于幼儿注意力下降,有的幼儿只做身体表现而不念读,还有的幼儿没有任何反应。在第三次活动中,教师与幼儿一起念读童谣,同时用拍肚子来表现节奏。此时只有少数达成目标,其他幼儿未能完成目标。

[活动8] 是在4/4节拍基础上,边读童谣边用两种动作组合(拍手和拍腿)来表现节奏的活动。在[活动8]中,教师和幼儿一起念读童谣,用拍手表现"苹果"和"香蕉",用拍腿表现"梨"。在本活动中,由于活动时间过长,幼儿无法集中精力,很难将两种动作组合在一起表现出来,所以多数幼儿没有进行语言念读或语言节奏和身体节奏无法协调配合。

[活动9] 是在4/4拍基础上念读童谣,用三种动作组合(拍肩 + 拍头 + 拍腿)来表现的节奏活动。本活动的难度较大,共包括3次活动。第一次活动中,教师示范并与幼儿一起表现节奏。多数幼儿能够跟随教师的动作表现节奏。第二次活动中,教师没有示范,幼儿自己念读的同时用身体表现节奏。由于没有教师示范,多数幼儿未能完成身体动作。第三次活动是将幼儿分成两个小组,进行语言念读和身体节奏表现。此次活动难度较大,多数幼儿没有完成目标。课堂情景如图7-25所示。以学习记录表为基础分析本课时目标完成度,结果如图7-26所示。

图 7-25　活动 9 场景

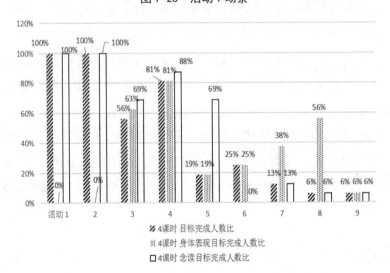

图 7-26　第 4 课时学习目标完成度

根据结果，全部 16 名幼儿都能完成活动 1 和 2 的目标，即念水果名节奏。说明幼儿对于念读由 4 分音符（X）和 8 分音符（XX）组成的节奏的掌握度较高。

关于活动 3～5 的 2 声部节奏，完成人数比分别是 56%、81%、19%，其中念读的人数比高于身体表现。针对 4 小节节奏不同的、含休止符的双节奏，关于休止符与节奏的间隔时间，活动 4 比活动 3 和 5 更长，完成人数比也更高。活动 5 不同于活动 3 和 4，休止符出现在念读声部的第 1 拍，目标完成人数比明显下降，只有 19%，但是念读目标完成人数比相对较高，为 69%。由此可判断，2 声部节奏中休止符与节奏的间隔时间越短，幼儿的掌握度越低，并且当休止符出现在念读声部第 1 拍时，幼儿掌握度更低，其中，念读目标完成人数比总是高于身体表现目标完成人数比。

活动 6 不念读只拍手打节奏，目标完成人数比为 25%，明显低于活动 1、2 仅念读的 100%。活动 7、8、9 是念和打表现同一个节奏。目标完成人数比分别是 13%、6%、6%，全部低于活动 1～6。其中活动 7 是用 1 个动作表现节奏，活动 8 和 9 分别用 2～3 个不同的动作，以动作组合形式表现节奏。活动 7、8 的身体表现人数比高于活动9。由此可知，当语言和身体同时表现一个节奏时，幼儿对身体表现的掌握度高于念读，且用 1～2 个动作比用 3 个动作的组合形式表现节奏的掌握度高。

由此可知，幼儿对于仅念读单声部节奏的掌握度最高，既高于含休止符的念打不同的 2 声部节奏，又明显高于只用动作表现的单声部节奏，以及念打相同的单声部节奏。关于单声部节奏，仅念读的掌握度最高，其次是仅身体表现，再次是念打同时表现，且身体表现为 1～3 个不同动作的组合形式。关于含有休止符的 2 声部节奏，休止符与节奏的间隔时间越短，幼儿掌握度越低，并且当休止符出现在念读声部第 1 拍时，掌握度更低。

第二节　深化活动学习（第 5 ～ 7 课时）

一、2 声部节奏表现学习

（一）2 声部节奏表现 1：第 5 课时

本课时是将固定节奏由语言逐渐转移到身体动作，再由身体表现固定节奏为童谣念读伴奏的活动。首先，在导入阶段，为了诱发幼儿的学习动机，教师向幼儿询问了兔子爱吃的食物和与兔子相关的童谣。

在展开阶段，[活动 1]，教师拿出 4 个圆形垫子，将它们水平摆放在幼儿与教师中间的空地上。按照幼儿的从左至右顺序，教师手指垫子打基本拍，念童谣《小白兔》。一个圆形垫子就是一拍，帮助幼儿建立稳定拍的感觉。本活动共由 2 次节奏活动组成，19 名（有 2 名幼儿请假）幼儿全部完成节奏目标。

[活动 2]，教师将柿子、橘子、香蕉、梨摆在四个垫子上。这次活动是从左到右依次让幼儿读出水果名字的活动。为了帮助幼儿更好地念读节奏，教师在节奏活动中击鼓打节奏跟随幼儿，击鼓的节奏与幼儿的节奏一致。本活动共由 3 次节奏活动组成，19 名幼儿全部完成了节奏目标。课堂情景如图 7-27 所示。

图 7-27 活动 2 场景

[活动 3]，教师在"吃掉"橘子之后，让幼儿从左到右依次念读水果名，不念"橘子"，而是用拍手来表现"橘子"的节奏。在本活动中，教师与幼儿一起念读，为了让幼儿更准确地掌握节奏，当身体表现节奏出现时教师击鼓打节奏提示幼儿。但是，由于很少接受语言念读和身体动作同时表现不同节奏的训练，部分幼儿有时仍在表现身体节奏时跟着念读节奏。教师帮助幼儿正确地表现出来。该活动共由 3 次节奏活动组成，19 名幼儿中有 8 名完成了目标。

[活动 4]，教师"吃掉"柿子，在圆形垫子上只留下香蕉和梨两个水果。在这次活动中，幼儿从左到右念读水果，不读"柿子"和"橘子"，而是用拍手来表现它们的节奏。为了让幼儿更准确地掌握节奏，当身体表现节奏出现时教师击鼓打节奏提示幼儿。本活动的难度加大，

部分幼儿在表达身体节奏时，同时念读相同语言节奏。该活动共由 3 次节奏活动组成，在 19 名幼儿中只有 8 名完成了目标。

[活动 5]，教师将香蕉也"吃掉"后，只将梨留在圆形垫子上。在这次活动中，幼儿从左到右读水果名字，不读"橘子""柿子""香蕉"，而是用拍手表现节奏。在此次活动中，每当出现身体节奏时，教师都会击鼓告知。本活动中，前面三拍都是身体节奏，只有一拍是语言节奏，难度较 [活动 4] 相对小。因此多数幼儿轻易地完成了目标，得到教师称赞后，幼儿表现出成就感，整体态度较为积极。课堂情景如图 7-28 所示。

图 7-28　活动 5 场景

[活动 6]，教师将剩下的梨也"吃掉"，垫子上没有水果，而是按照垫子上四个水果的原始顺序，从左到右拍手表现水果名。为了让幼儿准确地表现节奏，教师击鼓跟随幼儿，节奏与幼儿一致。本活动全部都

是身体表现节奏，19 名幼儿中有 17 名达到了目标。课堂情景如图 7–29
所示。

图 7-29 活动 6 场景

[活动 7] 分两个阶段进行。第 1 阶段是幼儿和教师一起念读童谣并
打节奏的活动。这首童谣的节奏和身体节奏相似，多数幼儿都能完成目
标。然而，动作节奏总会受到语言节奏的影响，多数幼儿的动作节奏仍
跟语言节奏完全一致。第 2 阶段幼儿一边读童谣《小白兔》一边打节奏。
这一阶段是幼儿用身体表现固定节奏为童谣念读伴奏的活动。为了不让
幼儿混淆，研究者没有用手指着垫子，而是敲着鼓为幼儿打节奏。但是
幼儿的身体节奏仍然受到语言节奏的影响，多数幼儿的动作节奏仍跟语
言节奏一致。因此，教师为了指导，拍手打节奏进行示范，即便如此，
部分幼儿仍然拍成了稳定拍，而非水果节奏。

[活动 8] 中增加了含 16 分音符的新水果（水蜜桃）。在这次活动

中，教师将水蜜桃放在幼儿左边的第一个垫子上，替换掉柿子，其余水果位置不变，重新摆放在垫子上，幼儿从左至右念水果节奏。在此次活动中，幼儿初次学习 16 分音符，对含 16 分音符的节奏相对陌生。为了使幼儿更好地掌握 16 分音符，教师击鼓辅助；并且，为了确认幼儿是否掌握，让幼儿进行个人的节奏表现。由于这一活动难度较大，19 名幼儿中只有 6 名完成目标。课堂情景如图 7-30 所示。

图 7-30　活动 8 场景

[活动 9]，教师"吃掉"水蜜桃，请幼儿念水果节奏，不念"水蜜桃"，拍手表现它的节奏。在此次活动中，教师为了能让幼儿正确地表现节奏，击鼓打节奏跟随幼儿，节奏与幼儿一致。个别幼儿念出第 1 拍水蜜桃，同时又拍手表现节奏。另外，让幼儿单独打节奏以确认他们是

否掌握。该活动的难度较大，共由 4 次节奏活动组成，19 名幼儿中只有 5 名完成目标。

[活动 10]，幼儿在读童谣《小白兔》的同时，用身体表现固定节奏型进行伴奏。在这次活动中，幼儿的身体节奏也经常受到语言节奏的影响，二者表现一致。特别是每一句的第 1 拍，语言节奏XX，应与动作节奏XXX同时进行，但活动时，动作却拍成了XX。由此可以看出，幼儿对 16 分音符的准确把握不够。另外，让幼儿单独打节奏以确认他们是否掌握。此时由于活动时间持续过长，幼儿无法集中精神进行正常表现。该活动由 2 次节奏活动组成，19 人全部没有达到目标。课堂情景如图 7-31、图 7-32 所示。以学习记录表为基础分析本课时目标完成度，结果如图 7-33 所示。

图 7-31　活动 10 场景 1　　　　　图 7-32　活动 10 场景 2

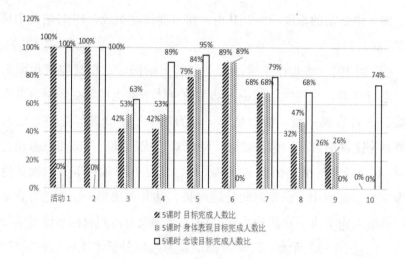

图 7-33　第 5 课时学习目标完成度

结果显示，活动 1、2、6 的节奏元素在第 4 课时中已学习，全部幼儿都能完成活动 1、2 的目标，人数比最高，为 100%；而活动 6 的目标完成人数比为 89%，区别在于活动 1、2 仅念读，而活动 6 仅身体表现。这说明幼儿对于节奏的念读掌握度高于身体表现。

活动 3、4、5 的目标节奏是 1 小节含休止符的念打 2 声部节奏，完成人数比分别是 42%、42%、79%。活动 5 中休止符与节奏的间隔时间较活动 3、4 更长，目标完成人数比也更高。这说明 2 声部节奏中休止符与节奏的间隔时间越长，幼儿越容易掌握。

活动 8、9 的目标节奏为含有 2 个 16 分音符的新节奏$\underline{XXX}$ XX XX X，目标完成人数比分别是 32%、26%。其中，活动 8 是念读与身体表现同一个节奏，而活动 9 只是身体表现。可见，幼儿对于 1 小节内含有 16 分音符节奏的掌握度不高。

活动 7 和 10 的目标节奏是由念童谣和身体表现固定节奏组成的 2 声部节奏，目标完成人数比分别是 68%、0%。两个活动的念读童谣节奏相同，不同的是身体表现节奏。关于身体表现，活动 7 的节奏在第 3 课时中已学习，而活动 10 的节奏是含有 2 个 16 分音符的新节奏。

含有 2 声部节奏的活动 3、4、5、7、10，目标完成人数比分别是 42%、42%、79%、68%、0%。其中，活动 3、4、5 是由念读和身体表现共同完成已学过的节奏元素XX XX XX X，但是念读和身体表现的节奏不同，含有休止符。活动 7、10 是以身体表现固定节奏为念童谣伴奏，不含休止符。活动 7 的念读与身体表现都已在第 3 课时中学习，且幼儿掌握度较高，而对于活动 10 用身体表现新节奏为念童谣伴奏，幼儿较难掌握。

由此说明幼儿能够掌握由 4 分、8 分音符和休止符组成的 2 声部节奏，但难以掌握身体表现声部含有 16 分音符的 2 声部节奏，且念读掌握度高于身体表现。幼儿对于仅念读单声部节奏的掌握度最高，既高于只用动作表现的单声部节奏，又高于含休止符的念打不同的 2 声部节奏，也高于由念童谣和身体表现组成的 2 声部节奏，同时高于念打含 16 分音符的单声部节奏。关于单声部节奏的掌握度，最高的是仅念读，其次是仅身体表现，最低的是含 16 分音符的念读和身体表现。关于由童谣和身体表现组成的 2 声部节奏，幼儿能够掌握由 4 分、8 分音符组成的 2 声部节奏，但难以掌握身体表现声部含有 16 分音符的 2 声部节奏。关于含有休止符的 2 声部节奏，第 4、5 课时的共同特点是休止符与节奏的时间间隔越长，幼儿掌握度越高；休止符与节奏的时间间隔越短，幼儿掌握度越低；并且，幼儿对于 2 声部节奏的念读掌握度高于身体表现。

（二）2 声部节奏表现 2：6 课时

在第 6 课时的导入阶段，为了熟悉接下来的教学活动，教师和幼儿一起念读童谣《哈巴狗》。但是幼儿似乎对该童谣不熟悉，只有少数幼儿大声地念读，多数幼儿的声音较小。因此在导入阶段，教师先让幼儿反复练习念读。

[活动 1]，教师拿出 4 个盘子，将它们水平摆放在幼儿与教师中间的空地上。按照幼儿的从左至右顺序，教师用手指垫子打基本拍，念童

谣《哈巴狗》。然后让幼儿进行个别活动，以确认幼儿是否能掌握童谣念读。本活动中童谣集体念读共进行了两次。16名（有5名幼儿请假）幼儿中有7名可以完成目标，9名未能完成目标。课堂情景如图7-34所示。

图7-34 活动1场景

[活动2]，教师在4个盘子中放上蔬菜（青菜、香菇、青菜、葱），请幼儿从左至右念蔬菜名，并拍腿打节奏为念读伴奏。在这次活动中，

为了复习第 5 课时的学习内容而使用与第 5 课时水果名节奏相同的蔬菜名。因为是已经学习过的内容，所以幼儿整体上都能完成目标。

[活动 3]，教师请一名幼儿"吃掉"一棵青菜，拿出一个胡萝卜放在被"吃掉"的青菜的位置，让幼儿从左至右念蔬菜名。本活动中只有节奏念读，没有身体表现，多数幼儿能够完成目标。课堂情景如图 7-35、图 7-36 所示。

图 7-35　活动 3 场景 1　　　　　　图 7-36　活动 3 场景 2

[活动 4]，教师请一名幼儿"吃掉"胡萝卜，请幼儿从左至右念蔬菜名，不念"胡萝卜"，用拍腿表现它的节奏。在这次活动中，为了让幼儿更加准确地表现节奏，教师与幼儿一起念读并做动作，并反复练习。本活动共有 4 次节奏活动，16 名幼儿中只有 6 名完成了目标。课堂情景如图 7-37 所示。

图 7-37　活动 4 场景

[活动 5]，教师让一名幼儿"吃掉"香菇，请幼儿从左至右念蔬菜名，不念"胡萝卜"和"香菇"，用拍腿表现它们的节奏。在这次活动中，为了让幼儿更加准确地表现节奏，教师与幼儿一起反复地念读并做动作。由于语言与身体所表现的节奏不同，加上语言与动作在节奏的中间交替，所以部分幼儿较难同时控制住语言和身体节奏，完成相应的语言目标或身体目标。该活动共进行了 5 次，16 名幼儿都没有完成目标。

[活动 6]，教师再请一名幼儿"吃掉"一棵青菜。请幼儿从左至右念蔬菜名，不念"胡萝卜""香菇""青菜"，用拍腿表现它们的节奏。在这次活动中，为了让幼儿更加准确地表现节奏，教师与幼儿一起反复地念读并做动作。在这项活动中，前三拍都是身体节奏，只有一拍是语言节奏，难度与 [活动 5] 比相对较容易。因此多数幼儿轻松地完成了目标。课堂

情景如图 7-38 所示。

图 7-38　活动 6 场景

[活动 7]，教师请一名幼儿"吃掉"葱，此时垫子上没有蔬菜，请幼儿回忆蔬菜的位置顺序，从左至右用拍腿表现蔬菜名节奏。在这次活动中，为了让幼儿更加准确地表现节奏，教师与幼儿一起反复地念读并做动作。幼儿表现出了积极的态度。课堂情景如图 7-39 所示。

图 7-39 　活动 7 场景

[活动 8]，教师与幼儿共同念童谣《哈巴狗》，同时请幼儿打节奏为童谣伴奏。这次活动中，幼儿需要表现 2 个独立的节奏，因此难度比较大，相当数量的幼儿只能准确地表现语言节奏和身体节奏的其中一项，注意力也有所下降。教师邀请 4 名幼儿参与念童谣、打节奏的合作活动。自发参与的幼儿只有 3 名，可见参与热情有所下降。课堂情景如图 7-40 所示。

图 7-40　活动 8 场景

[活动 9]，教师将前几次活动中出现的水果都展示出来，分别请 4 位幼儿上来挑选一种自己喜欢的食物，放在此时的空盘里。此时 4 个盘子里依此是水蜜桃、梨、香菇、苹果。请幼儿从左至右念新组合的食物名。教师用手指着垫子打基本节拍，与幼儿一起念读节奏。幼儿念读的声音明显变弱了，兴趣减退，注意力有所下降。

[活动 10]，幼儿不念读节奏，而是拍手表现新组合的食物名节奏。在此次活动中，部分幼儿不参与活动或做拍手的动作，注意力完全下降。

[活动 11]，教师与幼儿一起念童谣《哈巴狗》，同时，幼儿拍节奏

为童谣伴奏。由于身体表现节奏含16分音符，部分幼儿较难同时控制住语言和身体节奏。

[活动12]，教师再次清空盘子，让4名幼儿分别选择自己喜欢的蔬菜或水果（香蕉、水蜜桃、胡萝卜、柿子），放入空盘中，幼儿从左至右念新组合的食物名。教师与幼儿一起念水果名，同时依次手指每个盘子，给幼儿提示稳定拍。本活动中幼儿可能对活动形式感到枯燥，声音音量明显较弱。课堂情景如图7-41所示。

图7-41 活动2场景

[活动13]，幼儿拍手表现新组合的食物名节奏，教师击鼓打节奏跟随幼儿。在这次活动中，多数幼儿因注意力下降，动作表现节奏的正确率明显较低。

[活动14]，教师与幼儿一起念童谣《哈巴狗》，同时，幼儿拍节奏为童谣伴奏。在此次活动中，教师念读童谣时，几乎无人跟读。本活动共有一次节奏活动。16名幼儿无人能够完成全部目标，无人完成念读目

标。以学习记录表为基础分析本课时目标完成度，结果如图 7-42 所示。

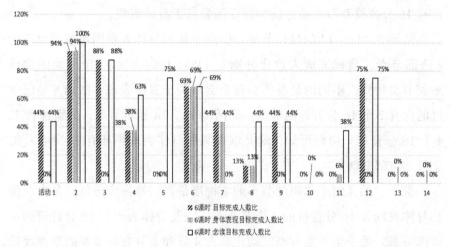

图 7-42 第 6 课时学习目标完成度

结果显示，幼儿对于活动 1 童谣《哈巴狗》节奏的熟悉度不如第 5 课时《小白兔》，目标完成人数比为 44%，说明幼儿对于 2 分音符的掌握度不高。活动 2 的节奏元素在第 4 ~ 5 课时中已学习，目标完成人数比为 94%。说明幼儿对含 4 分和 8 分音符节奏的掌握度高。活动 3、7 的节奏元素相同，在第 5 课时中已学习，含 2 个 16 分音符，完成人数比分别是 88%、44%，不同的是活动 3 仅念节奏，活动 7 仅打节奏。说明幼儿对于含 2 个 16 分音符单声部节奏的掌握度较第 4 课时明显提高，且念读高于身体表现。

活动 4、5、6 的目标节奏都是含休止符和 16 分音符的念打 2 声部节奏，完成人数比是 38%、0%、69%。念读和动作表现共同组成了第 4 课时中已学习的节奏。活动 5 中休止符与节奏的间隔时间较活动 3、4 更短，目标完成人数比也更低。

活动 9、10、12、13 的目标节奏都是本课新出现的节奏。目标完成人数比是 44%、0%、75%、0%。其中，活动 9、10 的目标节奏是 <u>XXX</u> X <u>XX</u> <u>XX</u>，活动 12、13 的目标节奏是 <u>XX</u> <u>XXX</u> <u>XXX</u> <u>XX</u>，仅念节

奏的是活动 9 和 12，仅打节奏的是活动 10 和 13。由此可知，幼儿对于含有 16 分音符新节奏的念读掌握度明显高于身体表现。

活动 8、11、14 的目标节奏是由念童谣和身体表现固定节奏组成的 2 声部节奏，目标完成人数比分别是 13%、0%、0%。3 个活动的念读童谣节奏相同，不同的是身体表现节奏。关于身体表现，活动 8 是已学过的含有 2 个 16 分音符的节奏，而活动 11、14 是新节奏，分别含有 2、4 个 16 分音符。由此可知，幼儿难以掌握身体表现声部有 16 分音符的念打 2 声部节奏。

综上，幼儿对于单声部节奏的掌握度最高，掌握度最低的是由童谣和身体表现含 16 分音符的 2 声部节奏，以及身体表现含 16 分音符的单声部节奏。关于单声部节奏。幼儿对含 4 分和 8 分音符节奏的掌握度最高，对于 2 分音符的念读掌握度一般。关于含有 2 个 16 分音符单节奏的掌握度，第 6 课时较第 5 课时明显提高，且念读高于身体表现。关于由童谣和身体表现组成的 2 声部节奏，难以掌握身体表现声部有 16 分音符的 2 声部节奏。关于 4/4 拍含休止符的 2 声部节奏，第 4 ～ 6 课时的共同特点是休止符与节奏的时间间隔越长；幼儿掌握度越高，休止符与节奏的时间间隔越短，幼儿掌握度越低；并且，2 声部节奏的念读掌握度高于身体表现。

二、语言节奏即兴创作学习（第 7 课时）

在本课时导入阶段，教师以拍腿表现基本拍的方式向幼儿问好。根据教师问好的样子，有些幼儿模仿教师的动作和语言向教师问好。而且多数幼儿都能较好地模仿教师问好的语言，但节奏并不正确。

[活动 1]，请幼儿以教师的方式与教师问好。幼儿的语言节奏较准确地吻合了 4/4 拍的基本拍，但是身体表现的节奏则各不相同。接着，教师拍腿表现基本拍，示范问好节奏。幼儿在整体上积极主动地参与了初次问好节奏表现活动。在本活动中，语言节奏较准确地吻合了 4/4 拍

的稳定节拍，但身体表现的节奏却并不一致。因此为了让幼儿能够正确地表现，每个人都应有单独表现的机会。在个人节奏表现活动中，教师总共向 4 名幼儿问好。这 4 名幼儿中有 2 名幼儿的语言节奏和身体节奏都表现得较为准确，而其余 2 名幼儿在每个基本拍上拍成了两下。为让幼儿能够准确表现，教师及时给予了反馈。个别幼儿表现问好节奏后，教师再次与全体幼儿进行问好节奏互动。这时，幼儿重新表现出积极的态度，身体表现节奏时的动作和表情都更加确定和自信。并且，能够正确表现身体节奏的幼儿数也渐渐增多。课堂情景如图 7-43 所示。

图 7-43 活动 1 场景

[活动 2]，先由教师拍手表现基本拍，并进行自我介绍。此时，幼儿模仿教师的动作和语言。接下来，为了让幼儿掌握自我介绍的节奏表

现方式，教师请幼儿逐个进行自我介绍，从最右侧的幼儿开始，依此每人用身体表现基本拍，并用固定的节奏句式介绍姓名。这次活动是幼儿用身体动作表现基本拍的同时即兴创作自己名字的节奏，难度较大。因此，为了让幼儿在活动中能够即兴创作节奏，教师即时指导并给予反馈。虽然少数幼儿正确地表现了身体和语言节奏，但是部分幼儿的身体动作往往受到语言节奏的影响，与语言节奏一致。在活动过程中，教师请幼儿探索了表现身体节奏的新动作。虽然幼儿探索了拍膝盖、拍肩膀、跺脚、摸头、拍手、拍手背等多种节奏表现方式，但是很多幼儿的身体表现仍受到语言节奏影响，与语言节奏保持一致。对于这些问题，经过教师及时引导和帮助，幼儿最终能够准确地表现出来，达到身体与念读节奏的相互独立。

[活动 3] 是问好节奏的接龙游戏。因为前两个活动都只是语言节奏即兴创作，所以在本活动中没有加入身体节奏，只进行了即兴语言节奏表现。为了吸引幼儿进入游戏，教师击鼓打基本拍，让幼儿跟随鼓声拍手。介绍完接龙游戏规则后，教师击鼓打基本拍，从最右侧的幼儿开始，每人依次在基本拍上念出名字。教师请最右侧的 4 位幼儿尝试游戏，以确认他们是否了解游戏规则。教师敲击 4 拍作为预备提示之后游戏开始。接龙过程没有中断，幼儿较流畅地完成了游戏，大部分幼儿的念读节奏都在基本拍上，只有个别幼儿的节奏不稳定。课堂情景如图7-44 所示。

[活动 4] 以 [活动 3] 为基础，拓展了语言节奏的内容。在本活动中，教师击鼓打基本拍，从最左侧的幼儿开始，进行即兴创作节奏的接龙游戏。每人依次在基本拍上念节奏"我叫……"的基础上，即兴创作"我喜欢……"，创作的句子长度保持在 4/4 拍的 2 小节内。起初为了使幼儿正确地理解游戏规则，教师击鼓打基本拍进行示范。之后，教师请个别幼儿单独在鼓上打基本拍，在基本拍上利用目标句式创编和念读节奏。[活动 4] 结束后，幼儿对于综合运用本课时的学习内容感到满足。

以学习记录表为基础分析本课时目标完成度，结果如图 7-45 所示。

图 7-44 活动 3 场景

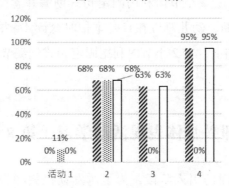

图 7-45 第 7 课时学习目标完成度

结果显示，活动 1 中，全体幼儿一起念打"问好"2 声部节奏，目标完成人数比是 0%。多数幼儿在拍腿表现基本拍时，常常拍成了旋律拍，即打和念的节奏相同，说明幼儿难以在打基本拍时念读节奏。

"自我介绍"节奏活动 2、3、4 的目标是幼儿在基本拍上即兴创作节奏并念读。该目标分为两个层次。第一个层次，活动 2、3。幼儿需要在基本拍上念出自己的姓名，创编节奏。由于构成姓名的汉字数量不同，有的 2 个字，有的 3 个字，所以幼儿念的节奏也各不相同。首先，活动 2。幼儿在自己拍手表现的基本拍上，即兴创作节奏并念读，目标完成人数比是 68%，身体表现与念读目标的完成人数相同。有个别幼儿的拍手节奏总与念读节奏相同，或者将 3 个字姓名的每一个字以 4 分音符念读，念读节奏变成 5 拍，不再是 4/4 拍。经过教师的示范和引导，几次练习之后，个别幼儿可以做到在 4/4 拍上即兴创编，最终完成了目标。其次，活动 3。幼儿在教师击鼓的基本拍上即兴创作，以接龙游戏的形式念节奏，这次的目标完成人数比为 63%。第二个层次，活动 4。在即兴创编的基础上，扩充一小节，将幼儿喜欢的事物加入即兴创编，仍采用接龙游戏形式念节奏，目标完成人数比为 95%。说明幼儿能够在 4/4 拍的基本拍上，于 2 小节内利用固定句式创编并念读节奏。由目标完成人数比分析判断，幼儿难以在打基本拍时念读 4/4 拍节奏。但是能够在 4/4 拍的基本拍上，于 2 小节内利用固定句式创编节奏并念读。

第三节　即兴身体表现活动学习（第 8 课时）

在最后一个课时的引入阶段，为了诱发动机教师告诉幼儿动物们准备在冬眠之前举办一场运动会，并就参加运动会的动物提问幼儿，让幼儿兴奋地猜想，引出本课时主题。本课时音乐选自圣－桑（Saint-Saëns, 1835—1921）《动物狂欢节》组曲中的《大象》《袋鼠》《野驴》《乌龟》四首乐曲。

[活动1]，一边听音乐，一边讨论幼儿在欣赏音乐时所感受到的音乐力度和速度的变化。先向幼儿播放乐曲1，在欣赏过程中，教师提问幼儿音乐力度的强弱、速度的快慢。大部分幼儿回答音乐听起来重重的。由此可以判断幼儿能够感受到音乐的力度。但是为了让少数幼儿能够更准确地感受并判断出该动物形象是兔子还是小狗，教师对音乐的速度变化进行提问引导。最后教师揭晓正确答案，看到了幼儿满意的表情。接下来播放乐曲2，提问幼儿对音乐的整体感受。然后让幼儿更深一步地感受音乐元素速度和力度的变化，说出自己将音乐与动物形象联想起来的理由。幼儿在用语言表达的同时，手上也情不自禁地模仿兔子的动作。乐曲2对应的动物形象为袋鼠。但是由于中国的自然环境，幼儿很难联想到袋鼠，因此教师指将其定为平时经常见到的兔子。在播放乐曲3时，有些幼儿跟随音乐在座位上原地律动起来。幼儿在前面的学习活动中始终投入地参与，并信心十足。在播放乐曲4时，多数幼儿跟着音乐的速度和力度在座位上快速急促地挥臂、跺脚，情绪亢奋。课堂情景如图7-46所示。

图 7-46　活动 1 场景

[活动 2]，教师请幼儿表现动物参加运动会的样子。播放乐曲 1，教师和幼儿一起即兴表现。离开座位，在空地上即兴表演大象的样子。幼儿有的左右摇晃身体，两腿沉重地迈着步子；有的把腿抬得很高，然后重重地落下。随后，教师播放不同的乐曲，幼儿兴奋地即兴表演了兔子、乌龟、马的动物形象。课堂情景如图 7-47 所示。

[活动 3]，为了让幼儿更好地感受音乐中细微的速度与力度变化，教师讲述了乐曲中不同动物形象的音乐表现差异。在音乐较舒缓的部分，教师让幼儿模仿动物停下来的动作，从而感受音乐速度的细微变化。并且，幼儿用动作即兴表现速度和力度变化，以及感受到的情绪、情景和不同动物的形象特征。课堂情景如图 7-48 所示。

图 7-47 活动 2 场景

图 7-48 活动 3 场景

以下是以教学录像为基础分析本课时学习结果的内容。

在本课时，幼儿不仅能深入地感受和理解节奏，而且能掌握多样的身体表现方式。本课时选取了《动物狂欢节》组曲中的 4 首——《大象》

《袋鼠》《野驴》《乌龟》。由于袋鼠和野驴是幼儿生活中所不熟悉的两种动物，因此在活动中将《袋鼠》和《野驴》两首乐曲所对应的动物形象指定为小白兔和马。本课时的教学活动共分为 3 个层次。第一，幼儿聆听乐曲，初次感受音乐的高低、长短和强弱变化，猜测 4 种动物分别是什么。第二，再次聆听乐曲，用动作即兴表现 4 种动物形象，如不同动物行走、奔跑的样子和神态，脚步的快慢与轻重，在路上可能会遇到什么等。活动中，所有幼儿离开座位，在空地上自由地即兴表现，有的趴在地面上模仿乌龟走路，有的以蹲的姿态模仿小白兔一蹦一跳，有的弯下腰一只手臂朝下模仿大象……第三，教师引导幼儿聆听、比较小白兔和马、大象和乌龟这两对动物形象在音乐表现中的不同。比如，同样是速度较快的音乐，如何区分是小白兔还是马呢？教师引导幼儿仔细聆听音乐元素中较细微的变化，小白兔的音乐力度较轻，速度的变化快中有慢，可能是奔跑过程中停下张望是否有追捕的猎人；马由于肌肉强壮，所以奔跑时不仅快，而且有力量，音乐的力度听起来比小白兔重。幼儿从坐着聆听、感受，到离开座位即兴表现，再到回到座位聆听、比较、分析，对音乐的欣赏由浅入深，层层深入。

全部幼儿都能积极地听辨音乐的速度和力度变化，能够由 4 首乐曲联想到不同的动物形象，并用动作即兴表现速度和力度变化，以及感受到的情绪、情景和不同动物的形象特征。作为音乐欣赏活动，本课时不以具体的节奏学习为活动目标。由于本教学指导方案的 1～7 课时都以幼儿的目标完成度作为教学评价标准，因此本课时不进行目标完成度的比较与分析。

第八章 结论与建议

第一节 结论

幼儿期的教育至关重要，决定人的一生。在幼儿教育中，音乐教育对孩子们的智力成长，对他们的心灵和人性发展都有较大的影响。基于对中国幼儿园音乐教育重要性的认识，本研究运用奥尔夫教学法，以节奏为中心制定并施行教学指导方案，以此来研究幼儿的学习活动。

本研究在前四章内容中，阐明了幼儿音乐教育的重要性，梳理了适合幼儿的节奏教学方法，并且详细论述了运用于本研究的奥尔夫教学法。通过考察中国幼儿音乐教育的现状和先行研究，研究者得出了一系列结论，为本研究提供了理论依据。

在本研究的第五至八章内容中，运用奥尔夫教法开发了以节奏为中心的幼儿音乐活动，据此制定了教学指导方案。教学指导方案的实施对象是中国河南省平顶山市某幼儿园的 21 名幼儿。根据幼儿音乐活动的类型不同共分为 8 个课时，具体共包括 69 次节奏活动。以此为基础，8 周内每周授课 1 次。每一次的教学活动都详细地记录在学习记录表、照片、录像等资料中。研究者在课堂上直接指导并参与了教学活动，通过这些教学指导经验和学习内容记录，以及影像资料，对幼儿的学习活动进行了详细的观察和分析。

本研究运用奥尔夫教学法，以幼儿园幼儿为对象开发并实施了以节奏为中心的幼儿音乐活动，在课堂上实施后结果整理如下。

第一，确认了语言节奏活动是适合学习音乐要素和各种节奏的活动。幼儿能感受到歌曲中隐藏的节奏，对用身体或语言表现产生兴趣，能够较好地表现 4/4 拍内 4 分音符和 8 分音符的语言节奏。此外，幼儿可以将日常物品与节奏学习联系起来，通过变化物品的顺序，创作出多种节奏。例如，在学习活动中，将树叶从第二个垫子上移到第三个垫子上时，有些幼儿会自发地念读新的节奏。在语言节奏活动中引入 8 分音符时，所有幼儿都要经过练习了解 4 分音符和 8 分音符之间的差异和音值特点。不仅如此，幼儿在用语言节奏和乐器进行组别演奏的过程中感受到了声音之间的共鸣。由此可见，语言节奏活动不仅能使幼儿有效学习基本节奏，还有助于幼儿学习身体节奏，而且能使幼儿以身体表现固定节奏型为语言节奏伴奏。

第二，确认了名字节奏的运用是可以将节奏从语言念读转换成身体表现的有效媒介。幼儿对无意义的音节或单词组合而成的声音感兴趣，并能与日常物品名字的声音联系起来进行学习。随着水果一个一个地减少，幼儿将节奏逐渐地从语言念读转换到身体表现上。在进行个人活动时，幼儿能够超越模仿阶段，探索新的身体表现动作。另外，幼儿以此为基础，在身体动作表现固定节奏型的同时念读童谣节奏。活动中，一个幼儿为了能够同时表现两个独立声部的不同节奏，用数数字代替念词。并且，幼儿利用生活经验，创造出许多富有新意的作品。例如，将问好和自我介绍运用到语言节奏中。由此可见，名字节奏的运用不仅能将语言节奏有效地转移到身体节奏上，而且能成为同时表现两种不同节奏的重要学习媒介。

第三，身体表现是幼儿表达音乐感觉的重要媒介。在音乐欣赏活动中，为了猜出某种动物形式，先要理解、掌握音乐的特点。在活动的起初，幼儿只是说出了动物的名字，没有进行身体表现，当幼儿想更详细地描述对音乐的感觉时，自然而然地用手模仿动物的动作进行表现。随着乐曲速度的加快，多数幼儿都兴奋地做动作。由此可见，幼儿在表达自己对音乐的想法或感觉时，身体表现是一种轻松有效的媒介。

关于具体的节奏元素，幼儿对于含4分和8分音符的节奏掌握度最高，其次是2分音符、4分休止符、16分音符。关于活动形式，幼儿对节奏念读的掌握度总体高于身体表现，且以1～2个不同动作的组合形式表现单声部节奏的掌握度高于3个动作的组合形式。幼儿对于2声部节奏的念读掌握度高于身体表现。关于语言念读（不含童谣）和身体表现不同的2声部节奏，休止符与节奏的时间间隔越长，幼儿掌握度越高；休止符与节奏的时间间隔越短，幼儿掌握度越低。幼儿能够掌握不含休止符，由4分、8分音符组成的2声部节奏，但难以掌握身体表现声部含有16分音符的2声部节奏，以及含有休止符的念与演奏不同的2声部节奏。关于即兴创作，在4/4拍内，幼儿能够在基本拍上于2小节内利用固定句式创编节奏并念读，但是难以在身体表现基本拍的同时念读节奏。关于音乐欣赏，幼儿能够积极地听辨并用动作即兴表现音乐的速度和力度变化。

通过以上结果可知，运用奥尔夫教学法进行的音乐学习活动研究和之前的先行研究一样，产生了积极的学习效果。本研究进行了语言节奏学习活动、身体节奏学习活动、语言与身体同时表现活动、身体表现的学习活动，结果表明运用奥尔夫教学法进行的音乐学习活动不仅对小学生有效，对幼儿同样有显著效果。然而，有必要根据研究实施过程中出现的不足和错误为基础，继续完善教学方法。

第二节　建议

以本研究取得的效果和实施过程中出现的不足为基础，为了更系统地将奥尔夫教学法应用到教学活动中，本研究者提出以下建议。

一、活动形式循序渐进

（一）从语言念读节奏开始

将语言作为节奏教学的起点是奥尔夫教学法对于音乐教学的一个重要贡献。利用语言的音乐教学，会使幼儿感到熟悉、亲切，无需刻意训练。根据学前儿童掌握词类的规律，幼儿最先掌握的是实词，其中先名词后动词，然后是形容词。[①] 因此，研究者建议以名词入手进行语言节奏教学。例如，人名、地名、物品名、无实际意义的音节词汇等。随着幼儿对于词汇和句型的不断积累，含有丰富语言节奏的、篇幅较长的儿歌、诗词、童谣等（以下统称"童谣"）都可以成为节奏教学素材。例如，本教学实验中第 4～6 课时的食物名与童谣念读，第 7 课时的人名念读。

（二）由语言念读过渡至身体表现节奏

1. 语言念读

节奏由语言向身体表现过渡的过程中，会出现念读与身体表现不同步，即含有休止符的 2 声部节奏产生。这对幼儿而言，是一个难度不小的挑战。当念读休止，身体表现继续；当身体表现休止，则念读继续。幼儿必须做到念读和身体表现的节奏同时正确，才算完成目标，如本教学实验第 4～6 课时。对此，研究者建议可以调动幼儿的积极性，让幼儿创作各种有创意的动作或姿势表现念读节奏的休止，以提升节奏学习体验，达到有效教学。

---

① 杨丽君. 大班幼儿节奏感培养的实验研究：基于"原发性"音乐视角 [D]. 鞍山：鞍山师范学院，2015.

2. 身体单独表现节奏

应选择与生活相关的，没有任何负担但又兴趣盎然的动作形式表现节奏，如拍手、跺脚、拍腿等。第 4～6 课时都涉及了仅身体表现的节奏。

（1）关于基本音符。

X X | XX XX | XXXX XXXX | X － |

走 走　　快走 快走　　跑跑跑跑 跑跑跑跑　　散步

（2）关于节奏型。

XXX X·X

敲门　跑跳

3. 身体表现为语言伴奏的 2 声部节奏

（1）由童谣和身体表现组成的 2 声部节奏，即身体表现固定节奏的同时，叠加童谣念读。关于童谣作品，建议选择一些结构工整、长度在 4 句左右、节奏规律、念词易懂且押韵，与幼儿生活相关的作品，如《小白兔》《哈巴狗》《包饺子》等。关于身体表现的节奏，尽量选择幼儿容易掌握的含 2 分、4 分、8 分音符的节奏，对不易掌握的节奏元素如 16 分音符等，当幼儿已较好地掌握了语言念读时，再进行身体表现。例如，第 5、6 课时中身体表现固定节奏为童谣念读伴奏。

（2）在基本拍上念读节奏。在基本拍上念读语言节奏，可以帮助幼儿建立起内心稳定的节拍感觉，由身体肌肉记忆，深入内心记忆。例如，在第 7 课时活动 2 中，幼儿以拍腿表现基本拍，同时念读姓名，当活动结束后教师击鼓打基本拍时，幼儿竟然说："老师，我听见你拍我的名字了！"由此可知，稳定拍叠加语言念读的 2 声部节奏已经进入幼儿的内心记忆。

通过基本拍上的节奏活动，幼儿可由探索、观察、模仿、体验，自然地过渡至即兴创作。研究者建议使用一些有趣且有效的游戏形式进行训练，如节奏问答、节奏接龙，以推动学习阶段的循序渐进。例如，第 7 课时活动 3 ～ 4。

①节奏问答，即教师打基本拍时念读一个句型，幼儿以相同的身体表现方式与句型回应教师。以 4/4 拍举例。

教师：　　　　　　　　　　　　幼儿：

小朋友们早上好！　　　　　　陈老师呀早上好！

X X	X X	X X	X		X X	X X	X X	X
小朋	友们	早上	好！	陈老	师呀	早上	好！
X	X	X	X	X	X	X	X

你叫什么？ 我叫 GHL。

X	X	X X	X		X	X	X X	X
你叫	什	么？		我叫	G	H L	
X	X	X	X	X	X	X	X

②节奏接龙，即教师在基本拍上念读一个（或多个）句型，请幼儿重复每句前（或后）2 拍，之后再即兴创作后（或前）2 拍，幼儿一个接一个地依次接龙下去。以 4/4 拍举例。

教师：　　　　　　　　　　　　幼儿：

我叫陈老师，我喜欢小白兔。　我叫 GXR，我喜欢马。

X	X X	X	X	X X	X X	X	X		X	X X	X	X	X X	X	X	-
我	叫	陈老	师，	我喜	欢	小白	兔	我	叫	G X	R，	我喜	欢	马		
X	X	X	X	X	X	X	X	X	X	X	X	X	X	X	X

（3）由身体动作延伸至奏乐表现节奏。在节奏教学时，从第一阶段语言念读过渡至第二阶段身体表现，进入第三阶段演奏乐器，教师需要合理安排时间，控制教学进度，确保幼儿在每一阶段都能得到充分练习，发挥三种教学媒介的作用。

二、节奏元素循序渐进

节奏元素的学习，应按照从慢到快的顺序循序渐进，依次为 2 分、4 分、4 分休止、8 分、16 分音符。每课时训练的节奏元素不宜过多，重点突出 1 ～ 2 个。研究者通过本教学实验发现，幼儿对于 16 分音符的掌握度较低。对此，建议以幼儿容易掌握的语言念读作为教学起点。

举例如下。

（一）词汇与短句念读

X X X　　X X X　X X
水蜜桃　　中国队，加油!

（二）童谣念读

以传统童谣《包饺子》为例。

XXX XXX XX X | XXX XXX XX X | XXX XXX XX X | XXX XXX XX X ‖
切萝卜 切萝卜 切切 切　　包饺子 包饺子 捏捏 捏　　好孩子 好孩子 揍一 揍　　坏孩子 坏孩子 打屁 股。

三、活动形式循序渐进

节奏教学过程中，关于幼儿的学习活动形式，研究者建议采用全体
→ 个别 → 小组 → 全体的形式。

首先，全体活动，可用于探索和模仿学习。例如，第 7 课时活动 1，
教师从打节奏向幼儿问好的方式导入活动，幼儿在没有指令的情况下，
探索与教师的回应方式，模仿教师的语言和身体表现节奏。

其次，个别幼儿单独活动，可用于评价教学过程中个别幼儿是否真
正掌握了教学内容，同时巩固教学效果。如幼儿 JCX 在第 2 课时集体
念读中的表现经常不同于其他幼儿，为了检验该幼儿是否掌握了学习内
容，教师请他单独表现，结果该幼儿能够准确无误地再现目标节奏，且
自信心得到加强。

再次，小组活动，可用于检验目标是否可行，是否超出幼儿接受
范围，评价教学过程中部分幼儿对教学内容的掌握度，同时巩固教学效
果。例如，第 7 课时活动 1 中幼儿的目标完成人数比较低，为了检验该
目标对幼儿是否过难，幼儿是否能够掌握该节奏元素。教师以小组活动
形式分别对两组幼儿进行了"问好"节奏问答。结果表明，部分幼儿能
够掌握该节奏元素，目标可行。

最后，全体—个别—全体，用于评价教学过程中全体幼儿对教学内容的掌握度。例如，第 7 课时的节奏接龙游戏，教师作为活动旁观者，观察每一位幼儿是否能够在基本拍上即兴创作。这既是对全部幼儿在教学过程中的整体评价，又是对每一位幼儿的个别评价。

本教学实验以幼儿的目标完成情况为最终评价标准，对不同学习活动形式中幼儿的反馈进行即时评价，能够帮助教师在教学过程中快速判断幼儿对节奏元素的掌握程度以及活动目标是否合理可行，从而及时调整活动内容与进度；同时，灵活地运用全体、小组和个别活动等形式，能够尽可能地为每个幼儿提供充分参与的机会，满足幼儿探索、观察、模仿、体验、创造的多方面需求。

本研究将以节奏为中心的幼儿音乐教学方案在河南省平顶山市某幼儿园的 4～6 岁幼儿中实施，为期 8 周，在实施过程中仍存在许多不足之处。两个月的实验教学时间较短，幼儿节奏感的发展需要长时间的培养，不是短期内能够速成的。实验对象数量较少，致使本研究结果缺乏一定的说服力。实验教学以语言念读和身体动作为主要教学媒介，而关于演奏小型打击乐器的教学活动较少。节奏元素不够丰富，只有简单的 2/4 拍、4/4 拍，以及由 4 分音符、8 分音符、2 分音符、16 分音符、4 分休止符所构成的不同节奏组合。在节奏的声部数量上，由单声部叠加至 2 声部。关于速度与力度变化的音乐欣赏活动较少。学习素材中仅有儿歌与童谣，作品类型单一。同时，幼儿的学习大多处在探索、观察、模仿、体验的阶段，创造性学习活动不多。在今后时间充足的情况下，研究者将做更深入的研究，拓展研究范围，增加研究对象的数量，进行多次实验教学，增加教学周期。设计与组织更多的创造性活动、奏乐活动、欣赏活动。从更多素材中所蕴含的节奏元素入手进行教学，如故事、诗词等语言素材，民歌、民族器乐曲、舞曲、劳动曲、摇篮曲等不同风格与类型的音乐作品。并且，可以针对其他年龄阶段的幼儿进行音乐节奏感培养的教学活动，探究从单声部到多声部的音乐节奏感培养活动在不同年龄阶段的幼儿中是否具有可行性，分析和总结针对各个年龄阶段幼儿开展单声部和多声部音乐节奏感培养活动的教学方法和途径，探索更多有趣和有效的音乐教学活动内容，为当前的幼儿园教师提供更多可以参考的音乐教学实施方案。同时，幼儿园也应实施关于幼儿音乐节奏感培养的长期教学活动。

参考文献

[1] 陈蓉 . 音乐教学法教程 [M]. 上海：上海音乐学院出版社，2013.

[2] 何乾三 . 西方哲学家 文学家 音乐家论音乐 [M]. 北京：人民音乐出版社，1983.

[3] 李妲娜，修海林，尹爱青 . 奥尔夫音乐教育思想与实践 [M]. 上海：上海教育出版社，2010.

[4] 廖家骅 . 音乐审美教育 [M]. 北京：人民音乐出版社，1993.

[5] 廖乃雄 . 论音乐教育 [M]. 北京：中央音乐学院出版社，2010.

[6] 罗小平，黄虹 . 最新音乐心理学荟萃 [M]. 北京：中国文联出版公司，1995.

[7] 秦德祥，杜磊 . 音乐课堂教学的经典方法 [M]. 福州：福建教育出版社，2013.

[8] 王懿颖 . 学前儿童音乐教育 [M]. 北京：北京师范大学出版社，2010.

[9] 许卓娅 . 学前儿童音乐教育 [M]. 北京：中央广播电视大学出版社，2008.

[10] 许卓娅 . 学前儿童音乐教育 [M]. 北京：人民教育出版社，1996.

[11] 许卓娅 . 学前儿童音乐发展与教学研究 [M]. 南京：江苏教育出版社，2012.

[12] 杨立梅.柯达伊音乐教育思想与匈牙利音乐教育 [M].上海：上海教育出版社，2000.

[13] 杨立梅，蔡觉民.达尔克罗兹音乐教育理论与实践 [M].上海：上海教育出版社，1999.

[14] 尹爱青，曹理，缪力.外国儿童音乐教育 [M].上海：上海教育出版社，1999.

[15] 中华人民共和国教育部.3～6岁儿童学习与发展指南 [M].北京：首都师范大学出版社，2012.

[16] 中华人民共和国教育部.幼儿园教育指导纲要（试行）[M].北京：北京师范大学出版社，2001.

[17] 中华人民共和国教育部.中华人民共和国教育法·中华人民共和国义务教育法·中华人民共和国教师法 [M].北京：中国法制出版社，2010.

[18] 中华人民共和国教育部.幼儿园工作规程 [M].北京：首都师范大学出版社，2016.

[19] 周兢，余珍有.幼儿园语言教育 [M].北京：人民教育出版社，2008.

[20] 蔡觉民.奥尔夫《学校音乐教材》与当代教育理论 [J].湛江师范学院学报，1998，19（4）：121–123.

[21] 陈燕.浅谈幼儿音乐节奏感的培养 [J].阿坝师范高等专科学校学报，2007（9）：76–77.

[22] 褚灏.音乐审美教育与音乐基础知识和基本技能教学 [J].天津市教科院学报，2005（1）：33–35.

[23] 冯亚，周骏.奥尔夫音条乐器在我国学前音乐教学中的应用 [J].渤海大学学报（哲学社会科学版），2015，37（6）：135–139.

[24] 高晨妍，邵跃飞.幼儿园奥尔夫音乐教育与嘉兴民俗文化整合的实践研究 [J].浙江教育科学，2014（2）：56-59.

[25] 李建平，吕莉.当前幼儿园音乐教育中存在的误区及解决对策 [J].学前教育研究，2009（12）：61-63.

[26] 廖燕瑜.幼儿是怎样感受音乐节奏的 [J].教育导刊，2002（9）：111-112.

[27] 林洁怡.浅谈奥尔夫节奏教学在幼儿园音乐活动的运用 [J].儿童发展研究，2012（3）：47-53.

[28] 芦静.奥尔夫音乐教育在幼儿音乐欣赏活动中的运用 [J].开封教育学院学报，2019，29（4）：117-118.

[29] 吕荦全.略论儿童音乐节奏训练的意义与方法 [J].大舞台，2011（10）：207-208.

[30] 申燕.论奥尔夫幼儿音乐教育本土化实施路径 [J].咸阳师范学院学报，2016，31（4）：111-113.

[31] 史其威.论节奏在音乐教育中的重要性 [J].大舞台，2011（5）：23-30.

[32] 孙文云，蔡黎曼.广州市幼儿园音乐教育现状及其对策研究 [J].广东技术师范学院学报，2013，34（2）：115-120.

[33] 徐碧辉.美育：一种生命和情感教育 [J].哲学研究，1996（12）：59-60.

[34] 余大卫.浅析音乐审美情感性的产生条件 [J].长春师范学院学报，2005（6）：152-154.

[35] 余丹红.奥尔夫教学法原理再释义 [J].人民音乐，2008（10）：70-72.

[36] 张静漪，王瑶.幼儿园奥尔夫音乐教学法的现状研究：以赤峰市两所

幼儿园为例 [J].赤峰学院学报（自然科学版），2016，32（6）：264-265.

[37] 张卫民 . 奥尔夫儿童音乐教育异化现象点击 [J]. 学前教育研究，2005（9）：48-49.

[38] 郑惠梨，曲宁 . 奥尔夫音乐教学法对促进幼儿音乐节奏感的实证研究 [J]. 北方音乐，2016（13）：93-94.

[39] 郑珂，何春莲 . 幼儿园奥尔夫音乐教学法实施的现状调查：以西安市为例 [J]. 新西部，2018（27）：70-71.

[40] 周静 . 奥尔夫音乐教学法在小班音乐律动活动中的运用 [J]. 黑河教育 2020（2）：85-86.

[41] 邹燕妃 . 奥尔夫教学法在儿童戏剧教学中的运用 [J]. 音乐技术，2019，39（19）：37-38.

[42] 陈灿 . 论奥尔夫音乐教学法对学生创造性思维发展的作用 [D]. 长沙：湖南师范大学，2011.

[43] 陈旭 . 达尔克罗兹教学法运用于我国基础音乐教育的探索 [D]. 苏州：苏州大学，2014.

[44] 陈小玲 . 音乐节奏教学研究 [D]. 兰州：西北师范大学，2011.

[45] 陈玉洁 . 南京市学前音乐教育改革现状调查与研究：以三所幼儿园为个案 [D]. 南京：南京艺术学院，2014.

[46] 董骞 . 幼儿园奥尔夫音乐教学实施现状研究：以重庆市渝中区为例 [D]. 重庆：重庆师范大学，2011.

[47] 杜悦艳 . 回归本原：论现代儿童音乐教育 [D]. 南京：南京师范大学，2008.

[48] 付虹靓.整合性音乐教学与5～6岁幼儿音乐节奏感发展的研究[D].上海：华东师范大学，2008.

[49] 韩莉娟.石家庄市学前儿童音乐教育现状调查及对策研究[D].石家庄：河北师范大学，2010.

[50] 贾晓星.奥尔夫音乐教学法与中国学前音乐教育：以一个奥尔夫实验班的个案研究为例[D].曲阜：曲阜师范大学，2011.

[51] 柯秋西.幼儿园音乐集体教学活动设计的内容分析及实践反思：以1996—2017年的253个音乐集体教学活动为例[D].成都：四川师范大学，2019.

[52] 马楠.5～6岁幼儿音乐节奏感培养的实践研究：以上海地区幼儿园大班音乐活动为例[D].上海：华东师范大学，2013.

[53] 李亚培.幼儿节奏感培养及其能力发展研究[D].福州：福建师范大学，2011.

[54] 黎松涛.专业幼儿教师音乐素质培养的理论与实践研究[D].上海：上海音乐学院，2012.

[55] 梁习丹子.奥尔夫教学法在新疆幼儿音乐教育中的本土化研究[D].石河子：石河子大学，2016.

[56] 林鑫.奥尔夫音乐教学法在学前音乐教育中的应用研究[D].新乡：河南师范大学，2015.

[57] 秦文华.奥尔夫教学法在幼儿音乐教育中的应用探索：以济南市城区为例[D].济南：山东大学，2013.

[58] 沙莎.大班幼儿音乐节奏感培养的行动研究：基于语言与音乐领域整合的视角[D].重庆：西南大学，2016.

[59] 唐诗韵.主题背景下奥尔夫教学法在幼儿园音乐活动中的实践研究：以上海市 Y 幼儿园大班为例 [D]. 上海：上海师范大学，2017.

[60] 王会平.奥尔夫音乐教学法在幼儿园的"本土化"实践探究 [D]. 石家庄：河北师范大学，2014.

[61] 王蕾.奥尔夫音乐教学法在农村学前儿童音乐教育中的实践性研究：以九江县开心宝贝幼儿园为例 [D]. 赣州：赣南师范学院，2013.

[62] 王俊雅.奥尔夫音乐教学法在幼儿园的应用现状与策略研究：以叶县五所幼儿园为例 [D]. 信阳：信阳师范学院，2018.

[63] 王潇.奥尔夫音乐教学法在幼儿园大班打击乐教学中的应用研究 [D]. 天水：天水师范学院，2019.

[64] 王焱鑫.奥尔夫音乐教学法在幼儿园歌唱教学中的应用研究 [D]. 信阳：信阳师范学院，2015.

[65] 王媛媛.幼儿园音乐教育与幼儿多元智能发展的研究 [D]. 武汉：华中师范大学，2006.

[66] 吴岩.奥尔夫音乐教学法对学前儿童学习品质的影响研究 [D]. 哈尔滨：哈尔滨师范大学，2017.

[67] 徐园.论奥尔夫音乐教学法在湖南长沙幼儿音乐教育中的应用探究：以水果篮子幼儿园教学为例 [D]. 长沙：湖南师范大学，2018.

[68] 杨丽君.大班幼儿节奏感培养的实验研究：基于"原发性"音乐视角 [D]. 鞍山：鞍山师范学院，2015.

[69] 殷如一.基于奥尔夫教学法本土化的儿童节奏教学研究：以台湾美育音乐教育机构大陆分校为个案 [D]. 长春：东北师范大学，2018.

[70] 翟姣.奥尔夫音乐教学法在中国幼儿音乐教育中的应用探索：以临沧市

第一幼儿园为例 [D]. 昆明：云南大学，2015.

[71] 张健萍. 对我国幼儿音乐教育的现状及其发展的思考 [D]. 保定：河北大学，2007.

[72] 张静. 吕梁市幼儿园音乐教育现状调查报告 [D]. 太原：山西大学，2010.

[73] 赵爽. 奥尔夫音乐教学法对学龄前儿童思维开发之研究 [D]. 济南：山东大学，2014.

[74] 周歌. 豫西南城区幼儿园音乐教育现状及对策研究 [D]. 曲阜：曲阜师范大学，2007.

[75] BAYLESS K M，RAMSEY M E. Music：a way of life for the young child[M]. 4th ed. Columbus，OH：Merrill Publishing，1991.

[76] CHOSKY L，ABRAMSON R M. Teaching music in the Twenty-first Century[M]. 许洪帅，译. 北京：中央音乐学院出版社，2001.

[77] COMEAU G. Comparing Dalcroze，Orff and Kodály[M]. 林良美，吴窈毓，陈宏心，译. 台北：洋霖文化有限公司，2012.

[78] GORDON E E. Untying gordian knots[M].Chicago：Gia Publications，2011.

[79] ORFF C. Orff-schulwerk：past & future [M]. 刘沛，译. 北京：中央音乐学院出版社，2014.

[80] ORFF C. Thoughts about music with children and non-professionals[M]. 刘沛，译. 北京：中央音乐学院出版社，2014.

[81] REGNER，HERMANN.Carl Orff's educational ideas-utopia and reality[M]. 刘沛，译. 北京：中央音乐学院出版社，2014.

[82] DEMANY L，MCKENZIE B，VURPILLOT E. Rhythm perception in early infancy[J].Nature，1977，266（5604）：718-719.

[83] MARCUS G F. Musicality：instinct or acquired skill? [J].Topics in cognitive science，2012，4（4）：498-512.

[84] TRAINOR L J，TSANG C D，CHEUNG V H W. Preference for sensory consonance in 2-and 4-month-old infants[J].Music Perception，2002，20（2）：187-194.

[85] WINKLER I，HADEN G P，LADINIG O，et al. Newborn infants detect the beat in music[J].Proceedings of the national academy of sciences，2009，106（7）：2468-2471.